Hans-Peter Mettler

Der Weg zur
WAHRNEHMUNG
von energetischen
FELDERN

Von Hans-Peter Mettler Leben,
Radiästhesie und mentale Techniken

novum ◣ pro

Dieses Buch ist auch als
e-book
erhältlich.

© 2025 novum publishing gmbh
Rathausgasse 73, A-7311 Neckenmarkt
office@novumverlag.com

ISBN 978-3-7116-0197-1
Lektorat: Leon Haußmann
Umschlagfoto:
Simonkadula4 | Dreamstime.com
Umschlaggestaltung, Layout & Satz:
novum Verlag
Innenabbildungen: S. 27 © Shell
Tanker GmbH Hamburg; S. 137, 141,
142 © Jürgen Albicker, GEOENERGETIK,
Haus vor Wald, 78183 Hüfingen;
restliche Bilder © Hans-Peter Mettler

www.novumverlag.com

Bibliografische Information
der Deutschen Nationalbibliothek:

Die Deutsche Nationalbibliothek
verzeichnet diese Publikation in
der Deutschen Nationalbibliografie.
Detaillierte bibliografische Daten
sind im Internet über
http://www.d-nb.de abrufbar.

Druckprodukt mit finanziellem
Klimabeitrag
ClimatePartner.com/16547-2311-1001

Inhaltsverzeichnis

Vorwort

Wie Hans-Peter Mettler so vielen Leuten, Tieren und Plätzen helfen kann, wieder in ihre Kraft zu kommen – ist beeindruckend. Damit er so viel Hilfe in Gang setzen kann, muss er im Vertrauen stehen zu den helfenden Mächten. Nicht nur seine helfenden Geistwesen, sondern die höchste Kraft steht hinter ihm, denn Hans-Peter nutzt die Kräfte immer „falls es so vorgesehen ist und zum allerhöchsten Wohl Aller".

Er ist in Forschungs- und Exkursion Gruppen offen für andere Herangehensweisen und bezieht das, was weiterführt, in seine Arbeit ein. Seine Sorgfalt und Ausdauer bei der Erforschung der Steinkreis-Phänomene eröffnete neue Zugänge zur Lebenswelt der Steinkreis-Erbauer. Wie ich erstmals in persönlichen Kontakt gekommen bin, war sicher vorgesehen, denn ...

Ein Auto voll fühliger Frauen ist auf der Fahrt zum „Pfad". Wie es so geht, ich verpasse eine Abzweigung. So kommen wir zwanzig Minuten später an – und treffen auf dem Pfad auf Hans-Peter Mettler, den „Pfad"-Führer, der uns auf einige zusätzliche Besonderheiten hinweist. Wir treffen ihn wieder bei der Kaffee-Pause – und von da an häufiger. Er wird zum Forscher-Freund.

Dass er in diesem Buch sein großes Wissen und seine Erfahrung aufschreibt, schätze ich sehr. Es wird viele fühlige Personen anregen, selbst diesen alten Erfahrungsschatz zu nutzen, zu helfen, zu forschen und mit ihm zusammenzuarbeiten.

Danke für deine Arbeit und deine Freundschaft, Hans-Peter!

Margareta Gaille-Würmli
Hörnlistrasse 35
8330 Pfäffikon ZH
Mitglied Studienvereinigung für Radiästhesie Zürich
Mitglied Österreichischer Verband für Radiästhesie und Geobiologie
Mitglied Radiästhesieverein Deutschland

Warum und Danke

Schön, bist du hier. Komm, steig ein in den Zug meines Lebens. Mein Weg war lang und in vielen Bereichen schmerzhaft. Ich habe viel gelernt dabei und so sollte es vermutlich auch sein. Hätte ich nicht all das erlebt, so wäre ich heute nicht da, wo ich jetzt bin. Nun bin ich bei einem Alter angelangt, in dem ich überlege, was mir mein Wissen und alle meine Lebenserfahrung nützt, wenn nicht andere Menschen davon profitieren können. Viele erfahrene Radiästheten, Geomanten, Energetiker oder Therapeuten sind Schaffer im stillen Kämmerlein und bringen ihre Fähigkeiten, ihre Entdeckungen nicht an die nächste Generation weiter. Das ist verlorenes Wissen. Dem möchte ich mit diesem Buch etwas entgegensetzen. Ich kann nicht alles aufschreiben, was ich weiß. Vieles passiert spontan durch Eingebungen durch die Geistige Welt. Diesen Kanal zu öffnen und dann ins Vertrauen zu gehen, ist eines meiner größten Anliegen. Die größte Errungenschaft der Menschen ist Vergeben zu können und zugleich auch das Vertrauen in die Geistigen Helfer zu haben.

Die Menschheit hat es sehr weit gebracht. Leider sehr weit weg von der Natur ... Dies wird der nächste Schritt sein. Zurück in die Natur. Zugleich haben wir die Fähigkeit, rein mental Unglaubliches zu erreichen. Wir sind göttliche Schöpferwesen. Jedoch dürfen wir nie vergessen, dass wir ein Teil der Natur sind und auch bleiben werden. Der nächste Schritt geht zurück zur Natürlichkeit.

Wie kann ich all denen Danke sagen, die mir den Spiegel vorgehalten, mich dadurch zum heutigen Bewusstseinszustand gebracht haben. Das waren Tausende. Jede Seele, der du auf deinem Lebensweg begegnest, hat ihre Aufgabe mit dir oder du bist für diese Seele die Aufgabe.

Bei einer speziellen Seele möchte ich mich von ganzem Herzen bedanken, und das ist meine liebe Margareta Gaille. Wir erlebten gemeinsam hochinteressante Phänomene und Energien und führten

10

und führen noch heute sehr inspirierende Gespräche zusammen. Unter anderem hat sie sich bereit erklärt, mir hier mit diesem Buch zur Seite zu stehen. Nein, sie stand nicht nur da, sie hat das Ganze überarbeitet und korrigiert. Ganz lieben Dank an dich.

Alle meine Lehrer, voran Philippe Elsener und viele andere, zeigten mir auf dem Weg der Radiästhesie und Geomantie, wie, wo und was funktioniert – oder eben nicht.

Bedanken möchte ich mich auch bei meinen Schülern an den jeweiligen Praxisabenden. Sie sind für mich genauso bereichernd. Wir haben hier eine tolle Gruppe mit vielen Ideen und auch gegenseitigem Einfühlungsvermögen.

Der Zug fährt gleich los. Diese Reise beginnt mit meiner Kindheit. Nimm Platz, mache es dir gemütlich.

Hans-Peter Mettler
Radiästhet, Geomant und Therapeut
Mitglied
VRGS, Verband für Radiästhesie und Geobiologie Schweiz.
RVÄ Radiästhesie Vereinigung Ägerital, Vorstand, Schulung.
Österreichische Verband für Radiästhesie und Geobiologie

Lebensphasen

Eine Kindheit mit Brüchen

Auf die Welt gekommen bin ich am Freitag, den 20. August 1954, in Zürich. Meine Mutter war 21-jährig und ledig. Damals ein schwerer Makel, für viele eine Schande. Sie erzählte mir später, dass mein leiblicher Vater versprochen hatte, sie und mich nach der Geburt im Spital abzuholen. So hatten sie es ausgemacht. Doch er erschien nicht.

Geboren wurde ich als Hans-Peter Anton Attiger, gemäß dem ledigen Nachnamen meiner Mutter. Auch später ließ der Vater nichts von sich hören, bezahlte jedoch regelmäßig 80 Franken Alimente pro Monat. Dies tat er noch bis zu meinem 19. Lebensjahr. Die Alimente erhielt meine Mutter, außer die allerletzten 80 Franken, die er für mich auszugeben hatte. Ich kann mich noch gut daran erinnern, wie wir uns alle drei trafen – meine Mutter, mein Vater und ich. Ich hatte gerade die Berufslehre zum Metallbauschlosser abgeschlossen. Er überreichte mir die 80 Franken in bar. Damit war er entbunden von allen weiteren Zahlungen.

Aufgewachsen ist meine Mutter in Birmenstorf im Kanton Aargau. Sie ging früh von zuhause weg, da mein Großvater eine dominante, mitunter auch cholerische Persönlichkeit war. Auch vor Gewaltausbrüchen durch ihn war sie nie sicher, nicht mal als erwachsene Frau. Ich habe dies später selbst erlebt.

Ich verbrachte die ersten drei Jahren meines Lebens bei einer Großtante in Wettingen im Kanton Aargau. Meine Mutter arbeitete als Serviererin in einem Restaurant in Zürich, sie tat dies oft bis spät in die Nacht. Sie sah keine Möglichkeit, mich zu behalten. Eines Tages im Jahre 1957 erschien meine Mutter wie aus dem Nichts, holte mich bei meiner Großtante in Wettingen ab und fuhr mit mir nach Zürich. Sie heiratete einen Mann namens Alfred (Fredy) Mettler. Er war als Chauffeur bei einem Lebensmittelproduzenten angestellt und hatte lange Arbeitstage. Wir übernahmen seinen Familiennamen. Seither bin ich der Hans-Peter Mettler.

Ich habe vier Halbgeschwister, da mein leiblicher Vater einige Jahre später heiratete und eine Familie gründete. Eines seiner Kinder verstarb noch im ersten Lebensjahr, es war ein Mädchen. Ihren Namen habe ich nie erfahren. Mein leiblicher Vater starb 2008. An der Beerdigung meines Vaters nahm auch ich teil, obwohl ich dieses Ereignis fast verpasst hätte. Ich wurde weder von seiner Ehefrau noch von meiner Mutter über den Tod informiert. Es war eine Tante mütterlicherseits, welche die Todesanzeige in der Zeitung sah und mich daraufhin kontaktierte. Der Trauergottesdienst fand in der katholischen Kirche in Mellingen, Kanton Aargau, statt. Im Nachruf des Pfarrers hieß es, der Verstorbene sei Vater von drei Kindern gewesen. Niemand stand auf in der Kirche und erhob Einspruch bei dieser falschen Darstellung. Auch ich hatte nicht den Mut, mich zu Wort zu melden. Ich blieb stumm im Kirchenbank sitzen. Ich verspürte einen schmerzenden Stich in meinem Herzen. Unmittelbar nach dem Gottesdienst verließ ich die Abdankungsfeier. Es gab mich also nach wie vor nicht. Ich war sowohl in diesem Moment als auch während seines ganzen Lebens so inexistent wie das früh verstorbene Mädchen, das nicht lebensfähig war. Zu diesem Zeitpunkt war ich 54 Jahre alt und selbst Vater von zwei erwachsenen Töchtern und bereits Großvater eines Enkelkindes.

Bis zur vierten Primarschulklasse wohnte ich zusammen mit meiner Mutter und dem Stiefvater mitten in Zürich an der Wuhrstraße 20 und später an der Schreinerstraße 42. Ich besuchte die Kinderkrippe und den Kinderhort, danach den Kindergarten. Beide Eltern haben immer gearbeitet, soweit ich mich erinnern kann. Wenn ich nach der Schule nach Hause kam, war oft niemand zuhause. An den Wochenenden gingen wir auf den nahen Uetliberg spazieren. Der Uetliberg ist der 870 m. ü. M. gelegene Hausberg von Zürich. Oder wir machten einen Ausflug auf den Säntis, denn dies war der Hausberg meines Stiefvaters. Er ist im Hemberg im Toggenburg aufgewachsen, wo er den Beruf des Käsers erlernte. Wir drei gingen häufig wandern, daran erinnere ich mich gut. Mein Stiefvater war auch im Besitz eines Pilotenscheins für ein privates Kleinflugzeug. Die Lizenz zum Fliegen hatte er sich bereits früher erworben, noch bevor er meine Mutter kennenlernte. Manchmal durften ich und meine Mutter mitfliegen. Einmal, als sich das Flugzeug in eine Kurve legte, schlug ich meinen Kopf arg gegen die Fensterscheibe, das war ein großer Schreckmoment für mich. Ansonsten versuchte ich dieses Ereignis zusammen mit der Mutter und dem Stiefvater zu genießen. In den Ferien unternahmen wir einmal eine Reise bis nach Wien. Dort war unter anderem das Schloss Schönbrunn unser Ziel. Als ich auf einem Spielplatz gegen eine Tanne rannte und mich am abgesägten Ast aufschlug, platzte mitten auf dem Kopf eine Wunde auf. Diese wurde notdürftig von den Eltern versorgt. Ein Besuch beim Arzt lag für mich nicht drin. Auch in den folgenden Jahren blieb ich das einzige Kind meiner Mutter. Sie hatte fünf Fehlgeburten. Ich sehe sie noch vor mir, wie ihre Hände jeweils schon frühmorgens zitterten, noch bevor sie zur Arbeit als Serviererin im Restaurant fuhr. Ich weiß nicht genau, woran sie litt. Bei uns zuhause wurde nicht viel gesprochen. In späteren Zeiten war das Zittern wieder weg.

Zu meiner Biographie gehört auch ein Aufenthalt im Kinderheim in Urnäsch im Kanton Appenzell Ausserrhoden. «Aus gesundheitlichen Gründen» sei dieser Aufenthalt nötig, hieß es von Seiten meiner Mutter. Später hat sich herausgestellt, dass dies ein Heim für psychisch auffällige Kinder war und ich zur Abklärung da platziert wurde, Unterlagen und Akten gibt es nicht, zu lange her. Ich war ein Bett- und Hosennässer, dafür wurde ich regelmäßig bestraft. Das kannte ich bereits von zuhause. Auch von Mutter und Stiefvater wurde ich regelmäßig geschlagen, wenn ich in die Hosen gemacht hatte. War die Hose nass, hieß es: «Geh nach hinten und leg dich aufs Bett.» Dann kam entweder die Mutter oder der Stiefvater und schlug mich mehrmals mit dem Ledergürtel auf den entblößten Hintern. Das war nicht nur zutiefst demütigend und verstörend für mich, es verschärfte mein Problem des Bettnässens. Wenn ich etwas nicht essen wollte, dann stopfte es mir meine Mutter in den Mund oder schlug mich mit der flachen Hand ins Gesicht. Ich erinnere mich, dass ich besonders Kutteln, also die Innereien, vorwiegend von Rindern, nicht mochte. Ich konnte sie nicht schlucken, sie schmeckten abscheulich. Dann nahm meine Mutter den Teller und schaufelte die mir in den Mund. Ich lernte mit der Zeit, diese wieder als Erbrochenes herauszuwürgen. Das ging mit jedem Mal besser. So ging es weiter, bis ich mich dem Schicksal ergab. Ich habe nie gelernt, mich als Kind gegen die Gewalt von Mutter und Stiefvater zu wehren. Ich fühlte einen beklemmenden Zwiespalt in mir, denn sie war doch meine Mutter, sie war mir nicht fremd, stand mir nahe. Sie hatte jedoch kaum Gefühle für mich, keine Bindung zu mir aufgebaut, auf die ich mich verlassen konnte. Ich wusste keinen Tag, ob sie mich wieder wegschicken oder bei sich behalten wollte. Das Gefühl der Verunsicherung durchzog meine gesamte Kindheit. Ich habe kein Selbstwertgefühl und keine Eigenständigkeit entwickelt.

Auch im Kinderheim im Appenzellischen wurde es nicht geduldet, wenn ich ins Bett pinkelte. Dafür musste ich einen ganzen Tag lang allein in meinem Bett bleiben. Da ich diese Form der Bestrafung von zuhause bereits kannte, ergab ich mich dem Ritual. Es war peinigend und entwertend, doch aus meiner kindlichen Sicht gehörte es einfach dazu. Mich dagegen zur Wehr zu setzen, war zwecklos. Das hätte das Ausmaß der Bestrafung noch verschlimmert. Gerne erinnere ich mich an den älteren Jungen, ebenfalls ein Heimkind, der zuvor im Zirkus zuhause war. Er konnte in kurzer Zeit wunderschöne Zeichnungen aufs Papier bringen. Daran habe ich mich sattgesehen, bis es mir wieder besser ging. Er war ein Künstler, der uns Kindern guttat und uns zum Staunen brachte. Manchmal ließen wir auch Ballone steigen mit Wunschzetteln dran. Das war für uns Heimkinder jeweils ein großer Tag.

Wieder zuhause in Zürich. Noch während ich die vierte Primarschulklasse in Zürich besuchte, trennte sich meine Mutter von meinem Stiefvater. Den genauen Grund der Trennung kenne ich bis heute nicht, sie meinte nur, er sei schwul gewesen. Soweit ich weiß, hat meine Mutter keine körperliche Gewalt durch ihren Mann erlebt, sehr wohl aber wurde sie emotional unter Druck gesetzt. Sie konnte Autofahren, hatte den Fuhrerschein, was damals für Frauen noch lange keine Selbstverständlichkeit war. Dennoch kränkte mein Stiefvater sie immer wieder mit der Aussage, er müsse ihr einen 60 km/h-Kleber hinten am Auto anbringen, da sie zu schnell fuhr aus seiner Sicht. Er konnte meine Mutter mit spitzen Bemerkungen treffen, das weiß ich noch genau. Ihre Ehe hielt acht Jahre. Als ich erfuhr, dass sie sich trennten, atmete ich auf, denn nun durfte ich zu meiner Taufpatin nach Gampelen im Kanton Bern. Das war für mich eine der schönsten Zeiten als Schuljunge. So kam ich nicht nur weg von der Gewalt und den Peinigungen durch die Mutter, ich entkam auch dem jahrelangen sexuellen Missbrauch durch den Stiefvater.

Der sexuelle Missbrauch ging über das Anfassen der Genitalien weit hinaus. Meine Mutter durfte nichts mitbekommen, Außenstehende ebenfalls nicht. Ich kann nicht mit Sicherheit sagen, ob meine Mutter nicht doch eine Ahnung hatte von alldem, was er mit mir tat. Entweder hatte sie genaue Kenntnisse davon und ließ es zu. Oder sie war sehr geschickt darin, über Jahre hinweg alles auszublenden. Die Mutter arbeitete oft bis spät in die Nacht hinein. Wenn sie nach Hause kam, war ich längst wieder in meinem Bett und schlief. Oder ich tat so, als würde ich schlafen. Freunde hatte ich kaum. Auch Schulkameraden kamen nie zu uns nach Hause. Meine Eltern lebten nach Außen ein unauffälliges, normales Leben. Sie verdienten beide Löhne, meine Mutter in der Gastronomie in Zürich, mein Stiefvater als Chauffeur. Die sexuellen Übergriffe durch den Stiefvater zogen sich über mehrere Jahre hinweg. Meine frühesten Erinnerungen gehen zurück bis ins vierte Lebensjahr. Das heißt, kurz nachdem ich bei Mutter und Stiefvater in Zürich einzog, war ich seinen pädophilen Handlungen während Jahren wehrlos ausgesetzt.

Meine Taufpatin in Gampelen BE, zu welcher ich danach kam, ließ sich leider, kurz nachdem ich mich bei ihr eingelebt hatte, ebenfalls von ihrem Mann scheiden. Ich war gerne bei ihr. Sie und ihr Mann waren nett zu mir. Noch bis heute hält der Kontakt zu meiner Taufpatin an. Sie ist die ältere Schwester meiner Mutter. Von den drei Töchtern gelang ihr die Abnabelung vom Elternhaus am besten. Konsequent wie sie war, verließ sie das elterliche Haus in Birmenstorf an ihrem ihren 20. Geburtstag. Sie kehrte nie mehr zurück. Nach nur eineinhalb Jahren musste ich damals wieder weg von ihr. Ich war gerade zwölf geworden. Das Gefühl, nie lange bei Erwachsenen in ihrem Haus leben zu dürfen, war mir nicht unbekannt. Dennoch ging ich nicht gerne wieder weg von dieser Tante. Ich hatte auch einen guten Freund, er hieß Beat. Mit ihm verbrachte ich viel Zeit im Wald. Danach kam ich zum ersten Mal zu meinen Großeltern mütterlicherseits nach Mellingen, also zurück in den Kanton Aargau. Ich wurde in die sechste Klasse eingestuft. Meine Mutter arbeitete in dieser Zeit auf einem Kreuzfahrtschiff, das sie jeweils in Rotterdam bestieg. Also wurde ich in Mellingen bei den Großeltern auf unbestimmt Zeit zurückgelassen.

Mein Großvater verbrachte viel Zeit mit seinen Pferden. Er war Bauer und hatte sich hinter seinem Haus einen großen Pferdestall gebaut. Dort hielt er einige Schimmel, die er als Kutschpferde einsetzte. Die Pferde waren seine große Leidenschaft. Er war bekannt für sein Kutschengespann, das er vor allem für Hochzeitsfeiern einsetzte. Weiterum war er der einzige Kutscher mit einem gläsernen Landauer. Es war beeindruckend, wenn er ihn vierspännig durchs Dorf steuerte, vorne die Schimmel, hinten das Brautpaar mit Gästen. Sein Angebot war gefragt, er wurde oft gebucht an den Wochenenden. Mein Großvater war bekannt im Dorf und angesehen. Der Großvater hatte in der Garage seines Hauses ein Zimmer für mich eingerichtet. Wenn die Großeltern wegfuhren, schlossen sie ihre Wohnung über mir ab. Vielleicht war ich doch mehr ein Stalljunge und Knecht für sie als der Enkelsohn. Ein noch größeres Problem als meine Großeltern aber war die um sechs Jahre ältere Tante, die jüngste Schwester meiner Mutter. Sie machte gerade eine Lehre als Verkäuferin. Ihr konnte ich nichts recht machen. Gingen wir zusammen ausreiten, kommandierte sie mich ständig herum, so dass ich schon bald nicht mehr mitgehen wollte. Deshalb habe ich nie richtig reiten gelernt. Ich saß ab und zu auf den Pferden, ich putzte sie und machte den Stall. Doch aus dem Reiten wurde nichts. Ich war ganz klar der Eindringling. Als solcher musste ich irgendwie beschäftigt und ausgehalten werden. Sie war die jüngste von drei Töchtern, sechzehn, respektive fünfzehn Jahre jünger als ihre älteren Schwestern. Vom Alter her hätten sie und ich Geschwister sein können. Ich stand klar zuunterst in der Hierarchie dieser familiären Konstellation, schließlich hatte niemand von ihnen auf mich, den unehelichen Sohn der mittleren Tochter, gewartet. Meine Großeltern waren katholisch, wie die meisten im Dorf Mellingen. Ich jedoch besuchte in der Schule den reformierten Religionsunterricht. Mein Stiefvater war ein Reformierter.

Ich war als Jugendlicher immer wieder mit Hochzeitsfeiern konfrontiert und half mit, diese für das Brautpaar so angenehm wie möglich zu gestalten mit der schön dekorierten Kutsche meines Großvaters und den anmutigen Pferden. Dies alles erlebte ich elternlos in jenem Dorf, in dem auch mein leiblicher Vater mit seiner Frau und den drei Kindern wohnte und sich ein gutgehendes Geschäft im Früchte-Großhandel aufbaute. Als Hobbymusiker liebte er es, in Gesellschaft zu sein. So trat er regelmäßig mit seiner Band bei Feiern auf, er saß am Schlagzeug. Die Frauen liebten ihn, er war ein geborener Charmeur und Entertainer. Beim Erbgang nach seinem Tod blieb ich außen vor. Das Handelsgeschäft wird heute von seinem Sohn geführt. Meine Halbgeschwister sagten, sie würden «den da», damit meinten sie mich, nicht kennen. Bis heute konnte ich kein einziges Dokument ausfindig machen, das bestätigt, dass mein leiblicher Vater auch mein Erzeuger war. Er hatte nie etwas unterzeichnet, hielt sich dennoch an die Zahlungen der Alimente. Als unehelich geborener Sohn eines katholischen Vaters und einer katholischen Mutter stehe ich heute sozusagen ohne Rechte und ohne Anerkennung da. Erst in den 1970er-Jahren wurde das Erbrecht geändert, so dass auch ledig geborene Kinder erbberechtigt waren. Alle, die vorher geboren wurden, gehen bis heute leer aus.

Einmal musste ich auf der nahen Pferderennbahn aushelfen. Der lokale Reitverein hatte ein Bauernpferderennen organisiert. Wir schlugen die Pflöcke rund um die Rennbahn ein. Dabei traf ich plötzlich auf meinen leiblichen Vater, welcher verantwortlich war, um die Rennbahn aufzubauen. Ich wusste, dass er es war. Ich schaute ihn an – er blickte nicht zurück. Meine Mutter hatte mir im Alter von neun Jahren mitgeteilt, wie mein Vater hieß und wo er wohnte. Sie tat dies, kurz bevor mich meine Taufpatin bei sich aufnahm. Deshalb war mir in jenem Moment auf der Rennbahn in Mellingen klar, wem ich unverhofft begegnete. Mein Vater erkannte mich, dessen bin ich mir sicher. Schließlich war er zuvor mindestens einmal bei meiner Großmutter zu Besuch gewesen. Was sie damals besprachen, weiß ich nicht. Meine Großeltern sprachen nicht mit mir darüber. Mein Vater war ein Tabu-Thema im Haus meiner Großeltern, obschon wir alle in demselben Dorf wohnten. Er wich mir damals auf der Rennbahn mit seinem Blick aus. Traurig, aber wahr.

Es gab auf dem Hof meiner Großeltern außer den Pferden auch Schafe, Kaninchen, Hühner und einen Hund. Also war eine helfende Hand meinerseits von Beginn weg Pflicht. Ich habe gerne mit den Tieren gearbeitet. Bei ihnen fühlte ich mich wohl. Im Februar 1968 verstarb mein Großvater. Umso mehr Arbeiten gab es fortan für mich, den vierzehnjährigen Mitesser, zu erledigen. Von nun an lebte ich mit zwei Frauen unter einem Dach – meiner Großmutter und ihrer jüngsten Tochter. Vor und nach der Schule musste ich ausmisten, den Schafen Wasser bringen und die Pferde putzen, damit die Tante ausreiten konnte. Überhaupt war das Klima nach dem Tod des Großvaters angespannt. Ich war mitten in der Pubertät und die jüngste Schwester meiner Mutter hatte das Kommando in Haus und Hof übernommen. Wir hatten uns nach ihren Anweisungen zu richten. Schließlich war die Großmutter froh, wenn ihre Jüngste jetzt nicht auszog, sonst wäre sie allein geblieben mit Haus und Hof, all den Tieren und Verpflichtungen. Die Beziehung der beiden Frauen, welcher ich im Haus meiner Großeltern ausgesetzt war, kann als Hassliebe bezeichnet werden. Ich stand immer dazwischen, recht machen konnte ich es niemandem. Einmal griff die Tante unter meine Bettdecke. Ich hatte mich bereits schlafen gelegt, da kam sie in mein Garagenzimmer. Ich packte mit meiner ganzen Kraft, die ich als Jugendlicher damals bereits hatte, ihr Handgelenk und drückte es kräftig. Danach hat sie es nie mehr versucht. Ich erlebte meine Großmutter trotz ihrer Strenge als eine Frau mit Gefühlen, doch hatte sie Mühe, diese zu zeigen. Ich erinnere mich an keine einzige Umarmung durch sie oder ein liebendes Wort. Körperliche Nähe war ihr unangenehm. Dennoch war sie eine feinfühlige und wissende Frau. Sie hat mich immer unterstützt, so wie es ihr möglich war. Nach dem Tod von Großvater musste auch sie im Pferdestall mitanpacken. Sie hatte jedoch Angst vor den großen Tieren mit ihren Hufen. Trotzdem überwand sie sich und erledigte die anfallenden Aufgaben. Als ich später in die Lehre ging, kam ein Pensionär, der dann die Stallarbeiten ausführte.

Ich mochte meine Großmutter. Sie war für mich die wichtigste Ansprechperson. Sie hatte damals eine beratende Funktion in meinem Leben. Sie war streng, hatte klare Vorstellungen davon, wie etwas sein sollte und sie lebte auch danach. Sie interessierte sich schon früh für die komplementärmedizinischen Methoden der Naturheilkunde. Ich erinnere mich, dass ein Mann mit französischem Namen mehrfach aus Bern zu uns kam und ihr Akupunktur-Nadeln setzte. Ich war fasziniert von der Behandlung, es war hochspannend für mich, denn ich durfte dabei sein und zuschauen. Ich durfte ihm auch Fragen stellen und er erläuterte mir die Zusammenhänge zwischen Energieströmen und körperlichen Symptomen. Er empfahl mir ein Buch, das mir half, meinen Wissensdurst zu stillen. Es trug den schlichten Titel «Akupunktur» und eröffnete mir eine neue Welt. Ich lernte in dieser Zeit, selbst Nadeln zu setzen, und beschäftigte mich mit den Meridianen (Energiebahnen) des menschlichen Körpers. Meine Großmutter ließ den Therapeuten mehrmals kommen. Die Behandlungen fanden jeweils im Wohnzimmer statt. Auch einige Nachbarinnen kamen vorbei und ließen sich vom Akupunkteur auch Nadeln gegen ihre Beschwerden setzen. Ich erkannte die Einfachheit der Methode und deren klare Wirkung unmittelbar an meiner Großmutter. Ich verschlang die Lektüre des Buches und verinnerlichte sie. Als kurz darauf meine erste Freundin Anzeichen eines Hautausschlags aufgrund einer Allergie zeigte, wandte ich, ohne zu zögern, die Methode der Akupunktur an. Meine Freundin war aufgeschlossen und ließ mich gewähren. Nach 20 Minuten hörte der Juckreiz auf und am anderen Tag waren sämtliche Symptome verschwunden.

Meine Großmutter litt später unter zu hohem Blutdruck. Mit 82 Jahren erlitt sie eine einen Schlaganfall mit halbseitiger Lähmung. Kurz darauf erlosch ihr Augenlicht und sie blieb für den

Rest ihres Lebens blind. Dank Ringgi, dem Hofhund, kam sie auch allein gut zurecht. Ringgi war zuvor mein Hund gewesen. Doch als ich mich 1989 von meiner ersten Ehefrau trennte, musste ich den Hund aufgrund der Wohnungs- und Arbeitssituation an meine Großmutter abgeben. Kam bei Großmutter jemand an die Türe, so stand sie auf, ging den Wänden nach tastend bis zur äußeren Haustür und öffnete das vergitterte Fenster. Dann fragte sie: «Wer ist da?». Erst dann öffnete sie die Türe. Ringgi stand ihr stets zur Seite. Nach der achten Schulklasse habe ich während eines Jahres als Volontär in einem Altersheim in Straßburg gearbeitet, das von katholischen Ordensbrüdern, der Gemeinschaft Frères de la Charité, geleitet wurde. Am letzten Tag meiner Schulpflicht, das war damals die achte Schulklasse, holten mich meine Mutter ab. Wir fuhren bis nach Olten, wo fünf weitere Burschen in meinem Alter zusammenkamen. Wir fuhren gemeinsam bis nach Straßburg. Keiner von uns hatte den andern je gesehen und niemand wusste so genau, was uns da erwarten würde. Nach einem halben Jahr in Straßburg wurde ich ans Telefon gerufen. Meine Großmutter hatte gefragt, wie es mir gehe. Sie hatte keine Zeile von mir erhalten in den vergangenen sechs Monaten. Ich hatte kein Bedürfnis verspürt, ihr zu schreiben.

Ende Schulpflicht 1969

Niemand, weder meine Großmutter noch meine Mutter, hatten mich zuvor gefragt, ob ich dieses Volontariat im Altenheim in Straßburg machen wollte. Es hieß, es sei gut für mich, um die französische Sprache zu erlernen. Doch dem war gar nicht so. Alle sprachen vorwiegend Deutsch im Kloster und auch im Altenheim. Auch in Straßburg erlebte ich im Wohnheim sexuelle Übergriffe durch einen Ordensbruder. Wohl war ich hier nicht der Einzige, der sexuell missbraucht wurde. In meinem Fall kann ich mich an einen der Ordensbrüder erinnern, der mich regelmäßig zu sexuellen Handlungen zwang. Er hatte durch einen Motorradunfall sein Bein oberhalb des Knies verloren. Sein Zimmer wies eine Außentüre auf. Durch diese trat ich jeweils zu ihm in die Kammer. Er versprach mir viele schöne Dinge und Unternehmungen, davon hielt er jedoch nichts ein. Einmal schenkte er mir ein goldenes Kettchen mit einem Kreuz. Er verstand es geschickt, mich immer wieder zu sich zu lotsen. Ich war ein leichtes Opfer für diesen Ordensbruder, zumal ich sexuelle Übergriffe durch einen männlichen Erwachsenen ja bereits aus meiner frühen Kindheit kannte. Der Stiefvater hatte mir bereits Jahre zuvor durch seinen wiederholten Missbrauch an mir beigebracht, was er von mir wollte. Ein gleiches Kettchen trug später noch ein anderer Junge um seinen Hals. Auch im Kloster wurde unter uns Jugendlichen nicht über das Vorgefallene gesprochen. Sich an einen der Ordensbrüder zu wenden, wäre für uns damals unvorstellbar gewesen. Die sexuellen Grenzüberschreitungen gehörten dazu. Wir kannten es ja gar nicht anders. Kurz nach dem Telefongespräch kam mich meine Großmutter zusammen mit meiner Mutter besuchen. Das blieb ihr einziger Besuch in einem Jahr. Die Religion war ihr stets wichtig gewesen. Sie war eine überzeugte Katholikin.

Nach der Schulzeit

Ich war nach der Geburt katholisch getauft worden, doch besuchte ich später den Religionsunterricht der Reformierten, denn mein Stiefvater war ein Reformierter. Auch am reformierten Konfirmationsunterricht nahm ich als Schüler in Mellingen teil. In Straßburg wurde ich dennoch auch als katholischer Messdiener eingesetzt. Ich weiß nicht, was für Angaben meine Mutter und meine Großmutter machten, als sie mich für dieses Volontariat anmeldeten. Nach meinem Volontariat in Straßburg in der Ordensgemeinschaft sollte ich, zurückgekehrt nach Mellingen in das Haus meiner Großmutter, eine Berufslehre machen. Zunächst habe ich in einer Autogarage eine Schnupperlehre gemacht, dabei aber schnell festgestellt, dass das mit dem Autoschrauben nicht mein Ding war. In Rütihof bei Baden machte ich meine dreieinhalbjährige Berufslehre zum Metallbauschlosser. Meinen Lohn musste ich während meiner gesamten Ausbildungszeit der Großmutter abgeben. Ich erhielt jedoch bescheidene fünf Franken pro Woche. Das war alles. Auch mein Lehrmeister schreckte vor Gewalt nicht zurück. Einmal bedrohte er mich gar mit dem Brennschneider. Ein andermal drückte er mich derart an die Wand, dass ich kaum mehr atmen konnte. Oft

konnte ich es ihm nicht recht machen, meist in der Vollmond-
zeit. Ich nahm allen Mut zusammen und wandte mich an den
Lehrlingsobmann, der mir von der Berufsschule bekanntgegeben
worden war. Ich meldete ihm den Vorfall, stellte jedoch schnell
fest, dass er gut befreundet war mit meinem Lehrmeister. Mit
der Note 5.1 bestand ich die Lehrabschlussprüfung. Nach der
Lehre wechselte ich die Arbeitsstelle. Ich ging auf Montage, so
konnte ich unterwegs sein. Etwas Positives konnte ich rückbli-
ckend in Straßburg bei den Ordensbrüdern trotz aller widriger
Umstände erfahren. Ich begann mit Judo, einer Kampfsport-
art, die ich auch während meiner Lehrzeit weiterverfolgte. Ich
war gut darin, da ich kräftig gebaut war. Wir nahmen auch an
Wettkämpfen teil. Ich schaffte es bis zum blauen Gurt. Später
hörte ich mit Judo auf. Judo gab mir Selbstvertrauen und ein
Gefühl für die Kraft meines Körpers. Diese Kraft, verbunden
mit meiner Ausdauer, konnte ich einsetzten zu meinen Guns-
ten, falls es nötig wurde. Dennoch war ich nicht mal in meiner
aktiven Zeit beim damaligen Judoclub Baden davor geschützt,
gepeinigt und ausgebeutet zu werden. Es gab einen Assistenz-
trainer, der für die Kampfmannschaft, in welche ich es schon
nach kurzer Zeit geschafft hatte, zuständig war. Einmal ließ er
mich an einem Sonntag für ein «Spezialkonditionstraining» –
wie er es nannte – in den Club kommen. Ich musste alle meine
Kleider ausziehen, um mich danach nackt seinen Anweisungen
zum Training unterziehen. Er hatte eine Rute in der Hand, damit schlug er mich mehrmals kräftig auf meinen entblößten
Hintern. Mit dem Ziel, dass ich noch mehr Klimmzüge und
Liegestütze machte.

Die größten Prüfungen

Die größten Prüfungen in meinem Leben sind alle auf einer menschlichen Ebene erfolgt. Mein nahezu grenzenloses Vertrauen in Menschen wurde immer wieder erschüttert. Die Konflikte mit der Mutter und weiteren Personen haben mir zugesetzt. Auch während der Berufslehre habe ich verspürt, dass ich den Anforderungen der anderen nicht genügte. Von Partnerinnen fühlte ich mich immer wieder enttäuscht. Es waren innere Glaubenssätze, die mich blockierten. Es fiel mir schwer, über Gefühle zu sprechen, schließlich spricht ein Mann nicht darüber. Wenn ich heute von den Kindern und Enkeln höre «Ich mag dich» oder «Ich liebe dich», so ist das immer noch ungewohnt für mich, doch kann ich es annehmen. Es zeigt mir, wie blockiert ich in all den Jahren zuvor war. Ich bin dankbar, dass sich dies nun verändert hat.

Beruflich ging es in meinem Leben immer drunter und drüber. Es gab keinen roten Faden, den ich verfolgte. Entweder wurde es mir schnell langweilig, oder ich wollte einfach neue Erfahrungen machen. Ich war immer auf der Suche, doch wonach ich suchte, war mir nie ganz klar.

1978, nach der Trennung von meiner ersten Freundin, entschloss ich mich, auszuwandern. Das Ziel war Australien. Visa über den Landweg hatte ich mal sicher bis Indien. Als mein damaliger Freund Jakob Schmidt mich fragte, ob ich ihn für 14 Tage zum Campen nach Italien an den Gardasee begleiten würde, sagte ich zu. In genau dieser Zeit hatte die Revolution im Iran begonnen und Mullas kamen an die Macht. Ein Durchkommen auf dem Landweg war unmöglich oder extrem gefährlich. So entschloss ich mich, meinen Plan zu ändern, und ging nach den Ferien nach Hamburg, um auf einem Schiff anzuheuern. Die Deutsche Shell GmbH hatte eine Stelle als TOA frei (Technischer Offiziersassistent). Das beinhaltete die Überwachung des Schiffsmotor und diversen Hilfsaggregaten. An Bord von MS NARICA musste ich in Beaumont in Texas. Nach drei Tagen Reisen und Warten, stand

6MS NARICA 264 Meter lang, 48 Meter breit und 56 Meter hoch. 119'000 BRT

ich vor dem riesen Öltanker und fragte mich, was mich da wohl erwartet. Nach dem An-Bord-Gehen und dem Bezug der Kabine, fing grad mein Dienst im Maschinenraum an. Der Dienst dauerte von 04.00 Uhr bis 08.00 Uhr und von 16.00 Uhr bis 20.00 Uhr. Tagtäglich, bis ich von Bord ging. Ich hatte mir das Ganze nicht so groß vorgestellt und war sehr erstaunt, was es da alles gab. Vom kleinen VW-Motor bis zur Entsalzungsanlage für die Trinkwasseraufbereitung und Dieselgenerator für den Notstrom bis hin zu einem sieben Zylinder Sulzer Schiffsmotor. Druckluftgeneratoren, Brennstoffpumpen, Rudermaschine, etc. Das Ruß-Blasen war immer etwas gar warm. Bis zu 80 Grad. Im Maschinenraum war es meistens um die 40 Grad warm. Ich musste jeweils bis zum Kamin hoch und an den Dampfdüsen drehen, bis der abgelagerte Ruß vollständig entfernt war. Eines Tages stellte ich bei meinem Kontrollgang fest, dass ein Zylinderdeckel

27

des Schiffsmotors einen Haarriss aufwies. Das Schiff musste gestoppt werden. Der Zylinderkopf und der Kolben (ein Meter Durchmesser) wurden dann gerade ersetzt. Unsere Reise ging von Beaumont nach Curaçao bei Venezuela und zurück. Dann zwei Mal nach Lagos Nigeria, Curaçao und Texas. Dann zu den ABC-Inseln (Aruba, Bonnaire, Curaçao) dann wieder nach Nigeria. Jeweils Freitagsnachmittags mussten wir die Rettungsmotoren testen. Da es schön warm war an der Sonne, tranken wir ein Budweiser Bier. Danach hatte ich massive Magenschmerzen, die sich zu Krämpfen entwickelten. Ich meldete mich beim Kapitän und der schickte mich in meine Koje und erteilte dem zweiten nautischen Offizier den Auftrag, mit dem Funk Arzt über Norddeich Radio Kontakt aufzunehmen. Dieser Offizier war der Einzige, der eine Sanitätsausbildung hatte an Bord. Ich stellte in der Zwischenzeit fest, dass ich vermutlich eine Blinddarmentzündung hatte. Dies habe ich dem Offizier dann mitgeteilt und unter Anleitung des Funkarztes wurde getestet, ob das hinkommen könnte. Leider war das Ergebnis positiv. Eisbeutel auflegen, um die Entzündung zu dämpfen, und Penicillin spritzen wurde vom Funk Arzt angeordnet.

Der Schiffskurs musste geändert werden und wir fuhren nach Fort-de-France (Martinique). Am 12. Dezember 1978, einem Montagmorgen, wurde ich auf eine Trage gebunden, an den Kran gehängt und auf ein kleines Boot, das mich dann an Land brachte, hinuntergelassen. Dort in einen Krankenwagen und ab ins Spital. Als einziger lag ich auf einer fahrbaren Bahre. Alle anderen lagen auf den Bahren auf dem Boden im Gang. Die Operation fand dann am Nachmittag statt. Danach musste ein Bett gesucht werden und ich wurde in ein fünfer Zimmer einquartiert. Eine Nierenschale wurde mir gegeben und dann wahr ich auf mich alleine gestellt. Es kam niemand vorbei, weder eine Nachtwache oder sonst jemand. Da ich die Narkose nicht vertrug und andauernd erbrechen musst, war die Nierenschale schon nach dem ersten Mal gut gefüllt und danach das Bett. Am Morgen durfte ich das Bett verlassen und mich waschen. Danach wieder auf die fahrbare Bahre setzen und es ging die Straße hoch in ein anderes Gebäude. Dort durfte ich mit dem Spitalnachthemd bekleidet und der Infusion und Redon (Absaugen von Blut und Eiter aus dem Bauchraum) am Bauch in Begleitung eines Krankenpflegers und einer Hilfe die Treppe hochsteigen. Dann in ein Zimmer mit einem Mann und einer Frau. Beides waren Kreolen. Er schon älter und sie in meinem Alter. Der geplatzte Blinddarm war 30 cm lang, wie mir der Operateur berichtete. Er habe noch nie einen so langen Blinddarm gesehen. Von der Zimmerdecke fielen immer wieder Farbstücke herunter, im Nachtischchen sang eine Grille und im Zimmer hüpfte ein Fröschchen herum. Die Metallbetten glichen eher Hängematten als Betten. Ich hatte jedes Mal Bedenken, wenn ich wieder ins Bett ging, dass ich nicht unten aufschlug. Am Weihnachtstag kam der Agent der Shell und brachte mir selbstgemachte «Guetzli». Das war für mich ein emotionaler Moment. Nach 18 Tagen im Spital und Kartoffelstock mit Hackfleisch oder Hackfleisch mit Kartoffelstock als Mahlzeit durfte ich das Spital Richtung Flughafen verlassen. Der Agent begleitete mich. Leider hatte der Flug massive Verspätung und flog erst gegen Morgen ab, nachdem x-mal die Motoren getestet wurden.

Ich ging wieder zu meiner Großmutter und verbrachte da einem Monat Genesungsurlaub und einen Monat Ferien, bevor ich erneut nach Hamburg mit dem Nachtexpress hochfuhr. Der neue Heuervertrag wurde unterzeichnet und ich durfte wieder auf die MS NARICA. Doch an Bord sollte ich in Taranto (Italien). Wir waren fünf Personen, unter anderem auch der Kapitän, der nach seinem Urlaub auch wieder zu seinem Schiff wollte. Von Hamburg über Genua und Neapel gings mit dem Flieger. Da Alitalia streikte, mussten wir von Neapel nach Taranto mit dem Zug fahren. Nach dem An-Bord-gehen fing der Alltag auf dem Schiff wieder an. Wenn wir vorher 36 Personen mit ca. 8 Nationen an Bord waren, so waren es nun nur noch 26 Personen. Die Stewards, die vorher putzten, wurden eingespart. Die Fahrt ging nach Bonny Island in Nigeria. Danach Richtung Abidjan Elfenbeinküste. Dort lagen wir fast eine Woche, weil ein Ersatzteil angeliefert werden musste. Von da ging es dann wieder Richtung Südamerika zu der Insel Curaçao. Von dort den Galveston River hoch nach Texas City. Dies haben wir drei Mal gemacht und ich habe dann in Philadelphia abgemustert. Michael war auch ein TEO (Technischer Offiziers Assistent) wie ich und wir verstanden uns sehr gut auf der Reise. Er hatte schon in Texas abgemustert und wir trafen uns dann bei mir in Mellingen. Leider kam Michael mit seinem Leben nicht zurecht und als er Freitagnacht losfuhr, um nach Lübeck nach Hause zu fahren, hatte ich nicht erwartet, Michael nie mehr zu sehen. Er hat sich am Samstagmorgen mit Auspuffgasen das Leben genommen.

Zurück in der Schweiz habe ich dann wieder als Metallbauschlosser gearbeitet, jedoch war das für mich nicht mehr befriedigend und ich suchte nach Alternativen. Ich begann eine zweite Lehre als Krankenpfleger FA SRK im Gnadental Nesselnbach. Dort lernte ich meine erste Frau kennen. Sie war mein Oberlehrling.

Nach der Scheidung von meiner ersten Frau hat sich mein Arbeitspensum fast verdoppelt. Irgendwie musste ich Miete und Alimente bezahlen. Also habe ich zusätzlich zu meinem Tagespensum als Krankenpfleger auch noch als Taxichauffeur und Nachtbetreuer im Asylbereich gearbeitet. Es gab Tage, an denen ich bis nachts um 3.00 Uhr als Nachtwächter im Asylzentrum Einsatz leistete, um 7.00 Uhr war ich bereits wieder auf der Pflegestation. In dieser Zeit war ich mit einer neuen Freundin und mit ihren drei Kindern zusammen und lebte schlicht und einfach über meine Verhältnisse. Es gab eine Zeit, wo es mir unmöglich war, die Ehegatten- und Kinderalimente zu bezahlen. Ich musste Privatkonkurs anmelden. Später habe ich alles zurückbezahlt. Ich rutschte in die Arbeitslosigkeit. Diese Zeit war sehr hart für mich. Ich schaffte mir einen Hund an und war regelmäßig unterwegs mit ihm. Wir machten ausgedehnte Wanderungen und Spaziergänge. Dies half mir immer wieder, aus meinen seelischen Tiefs herauszufinden. Erst seit meiner Pensionierung geht es mir deutlich besser. Ich konnte dem Hamsterrad der «normalen» Arbeitswelt entkommen. Meine Praxistätigkeit ist vielfältig geworden. Ich finde genügend Zeit

für mich selbst, meine Rückzugsorte und meine spirituellen
Praktiken und Rituale, die ich zum Wohl der Menschheit und
des Planeten durchführe. Mit meinem Camper fahre ich durch
die ganze Schweiz und Europa, halte inne wo ich will, und ich
lasse mich führen. Dort, wo mir gezeigt wird, führe ich Heilri-
tuale durch, segne Plätze und Orte, setze mentale Lichtanker.
Ich bin so etwas wie ein moderner Druide geworden. In dieser
Rolle fühle ich mich angekommen – ja, das bin ich, angekommen.
Die Menschheit hat den Planeten Erde und sich selbst geschun-
den, viel Leid wurde zugefügt. Jetzt ist die Zeit der Heilung und
Transformation angebrochen. Daran nehme ich aktiv teil und
möchte auch andere teilhaben lassen.

Auch ich hatte als junger Mann Träume. Auf tolle Autos
stand ich nie. Das war und ist noch heute so, dass ich mit den
Dingern einfach von A nach B ohne Probleme fahren möchte.
Auch Markenkleider waren nie ein Thema für mich. Heute habe
ich nicht mal mehr Schuhe an, gehe meistens barfuß. Ich gehe
so raus, wie ich will und nicht, wie andere es mir vorschreiben.
Hemd und Krawatte waren nie mein Ding. Das war mir immer
zuwider, doch wurde es für meine Tätigkeit im Außendienst
einer Versicherung verlangt. Alles, was mit Zwang zu tun hatte
und noch heute hat, weckt meinen rebellischen Geist. Ich bin
sehr freiheitsliebend. Ich will raus in die Natur, wann immer
ich möchte. Ich warte nicht darauf, bis andere mir sagen, dass
ich es tun darf. Ohne all meine durchlebten Prüfungen wäre es
vermutlich langweilig gewesen in meinem bisherigen Leben.
Ich wurde immer wieder in Situationen geworfen, aus denen
ich etwas gelernt habe. So habe ich eine tiefe Form von Lebenserfahrung gewonnen. Diese Lebenstiefe, vielleicht könnte man
es Lebensweisheit nennen, möchte ich nicht missen.

Schicksal gibt es meiner Meinung nach nicht. Vieles ist im
Seelenplan enthalten. Die Seele will etwas lernen. Solange
ich mich einigermaßen innerhalb meines Seelenplans befin-
de, gibt es meist keine Überraschungen. Weicht der Mensch
jedoch von seinem Plan ab – wie ich, als ich auf dem Öltanker

anheuerte –, so kommt, schneller als man glaubt, eine deutliche Aufforderung, etwas zu ändern. Bei mir kam diese ultimative Aufforderung durch den geplatzten Blinddarm auf dem Hochseeschiff. Das war eine Situation, die mich zwang, mich mit mir selbst auseinanderzusetzen. Ich erkannte, dass ich mich fortan nicht mit Metall und Maschinen auseinandersetzen sollte, sondern mit den Menschen. Es war für mich nicht einfach, diesen Schritt zu gehen, doch ich wusste, dass ich es schaffen würde. Jeder Beinbruch, jeder Unfall und jede Krankheit lassen uns zwangsweise innehalten. Solche von außen auferlegten Pausen ermöglichen es uns, geistig wie körperlich herunterzufahren. Es entsteht Ruhe und neue Erkenntnisse stellen sich ein. Jede Krankheit ist schon über längere Zeit, bevor sie im Körper ausbricht, im energetischen Feld vorhanden. In dieser Phase kann man noch etwas verändern. Danach wird es schwieriger, aber nicht unmöglich. Dass die Seele mit den passenden Eltern einen Vertrag abschließt, erscheint mir offensichtlich. Die Voraussetzungen, um eine optimale Seelenentwicklung während dieser Inkarnation erleben zu können, wird in den ersten sieben bis acht Lebensjahren gelegt. In diesen Jahren macht der Mensch all die Erfahrungen, die danach zu seinem Lebensthema werden. Dieses Thema aufzuarbeiten und sich in der Folge weiterzuentwickeln, nennt sich «Leben». Nicht jede Situation ist vorgegeben im Leben, es sind Eckpunkte – wie zum Beispiel den späteren Lebenspartner oder Lebenspartnerin zu treffen. Jede Person, welcher wir begegnen, hat eine Aufgabe parat für uns. Dadurch wird auch der Entwicklungsstand immer wieder überprüft.

Hast du es kapiert oder nicht?
Hast du gelernt, mit bestimmten Situationen umzugehen?

Die Liebe und die Selbstliebe werden überprüft. Wir werden durch die Geistige Welt unterstützt, indem wir immer wieder in Situationen gebracht werden, bei denen wir unseren Fortschritt gemäß Seelenplan beweisen dürfen. Wir haben keinen freien

Willen. Wir haben die Wahl, links oder rechts zu gehen, dem Licht oder der Dunkelheit zu folgen. Jede Situation im Leben kann in diese zwei Kategorien eingeteilt werden. Die Seele will Erfahrungen sammeln und sich entwickeln. Zurzeit sind sehr viele alte Seelen hier auf dem Planeten Erde inkarniert. Viele von ihnen sind das erste Mal vor rund 12 000 Jahren physisch inkarniert als Mensch. Nur alte Seelen ertragen zum Beispiel Geburten mit Kindern, die mit einer Beeinträchtigung zur Welt kommen. Eltern und Kinder sind spirituell weit entwickelte Wesen. Sie helfen sich gegenseitig, um sich auf spiritueller Ebene weiterzuentwickeln. Es ist immer ein Geben und Nehmen. Immer! Ich bin der Auffassung, wenn ich den Kopf in den Sand stecke, so bringt mir das nichts. Ich war oft wütend, vieles tat mir weh. Doch ich wusste – woher auch immer –, es gehört zu meinem Leben und ich gehe durch das Schwere durch. Es war mir klar: Springe ich von der Brücke, so ändert sich nichts. Ich spürte, dass die Aufgabe, die ich mir vorgenommen hatte, noch nicht erledigt war. Ich wusste genau, wenn ich von der Brücke springe, muss meine Seele ein weiters Mal auf die Erde inkarnieren, um ihre Aufgabe zu lösen. Das war mir bereits im Alter von 15 Jahren bewusst, als ich das Prinzip der Inkarnation verstanden hatte. Trotzdem gab es Momente, als ich an Suizid dachte. Vor allem während meiner Berufslehre zum Metallbauschlosser. In dieser Zeit fühlte ich mich absolut allein und unverstanden. Heute weiß ich, dass dem nie so ist oder war. Wir sind nie alleine – die Geistige Welt begleitet uns auf Schritt und Tritt.

Du bist nie allein.
Es sind immer Begleitwesen aus der Geistigen Welt ganz nah bei dir.

Auch mir gelingt es nicht, dauernd in der Selbstliebe zu sein. Dazu bin ich noch zu sehr Mensch. Auch ich rege mich über einen Autofahrer auf, der herumschleicht. Meine Geduld dürfte diesbezüglich noch etwas ausgebaut werden. Das ist ein Beispiel für eine «kleine Prüfung», die im Alltag stattfindet. Die

Vergebung hingegen ist eine «große Prüfung». Diese ist nicht so schnell abgelegt.

Zwischen Krankheit und Gesundheit steht oft das Loslassen. Dies stelle ich in meiner Praxis immer wieder fest. Blockierte Emotionen halten uns gefangen in Situationen, die längst vorbei sind. Folglich muss die Emotion, durch welche das Ereignis ausgelöst wurde, aufgelöst werden. Auch plötzliche Erkrankungen lösen Ängste aus. Ängste sind Emotionen, die im Kopf kreiert werden, und zu 99 Prozent gar nie eintreffen werden. Der Versuch, den tieferen Sinn einer Krankheit zu erkennen, ist kein einfaches Unterfangen. Das Buch von Christiane Beerlandt «Der Schlüssel zur Selbstbefreiung» (Verlag Beerlandt Puplications, Lierde, Belgien. ISBN 978-90-75849-41-7) gibt viele Hinweise auf diese Frage. Die Frage: «Warum gerade ich?» ist immer eine, die beantwortet werden will. Durch jede Krankheit, jedes Ereignis jeglicher Art, wird aufgezeigt, dass etwas noch betrachtet oder behandelt werden muss. Kinder und Partner-/innen spiegeln mir mein Verhalten. Das ist deren Job. Daran können wir wachsen und die eigenen Themen erkennen. Alles, was mich am Anderen nervt oder stört, hat mit mir zu tun. So haben auch alle Ereignisse im Leben mit mir selbst zu tun – dazu gehört dann eben auch die Krankheit und deren Symptome. Für die Geistige Welt gibt es nicht ein gutes oder schlechtes Leben. Es sind nur Erfahrungen, die gemacht werden. Wenn ich nur im Licht bin, wie kann ich dann den Schatten feststellen? Wir brauchen hier den Schatten, die Reibung, die Polarität, um Entwicklung zu erzeugen. Leiden erzeugt meist ein Nach- oder Umdenken. Auch das ist gewollt.

Ich bin der Auffassung, jeder oder zumindest fast jeder von uns Menschen trägt unbewusst Schwüre, Gelübde und Eide mit sich herum. Mit Hilfe der Geistigen Welt löse ich sie für meine Klientinnen und Klienten auf. Fahneneide zum Beispiel sind Eide, die auf eine Fahne einer Armee, eines Staates, eines Klosters oder sonst eine Gruppierung geleistet wurden. Ich pendle jeweils folgenden Schwüre, Gelübde und Eide aus, wenn ich Sitzungen für meine Klienten mache:

- Armut
- Verbannung / Bann
- Beschwörungen
- Eifersucht
- ewige Bindung an Organisationen und Personen
- ewige Liebe
- ewige Rache
- ewige Verdammnis
- ewiges Schweigen
- Fahneneide
- Hass
- Keuschheit
- negative Rituale
- Neid
- Rache
- Selbstkasteiung
- ungenannte negative Eide
- ungenannte negative Gelübde
- Zauberei und schwarzmagische Rituale
- Flüche jeglicher Art

Es sind geleistete Rituale, die heute aufgelöst werden dürfen, ansonsten können sie unser Leben immer noch stark beeinflussen. Wir sind sehr viel freier ohne alle die in der Vergangenheit geleisteten Verpflichtungen und Zwänge. Viele dieser Rituale waren religiös geprägt. Auch alte Verträge aus früheren Leben oder dem aktuellen dürfen gelöscht werden. Dazu ein Beispiel: Den Vertrag deines ersten Autos oder deiner ersten Wohnung benötigst du nicht mehr. Also bittest du darum, dass diese nun gelöscht und sämtliche Verbindungen jeglicher Art zu dir getrennt werden, inklusive Kopien und

Sicherungskopien. Christina von Dreien hat in ihrem Buch «Bewusstsein schafft Frieden» (Band 3) genau erklärt, wie so eine Auflösung gemacht wird. Es ist umfassend und sollte von Zeit zu Zeit praktiziert werden. Auch ich mache dies immer wieder mal, damit mich aus vergangenen Zeiten nichts mehr bindet oder hindert, was mir heute in der aktuellen Lebenssituation nicht dient.

Wege zur Aussöhnung

Die Zeit bei den Großeltern war für mich nicht immer leicht. Einerseits musste die strenge Arbeit gemacht werden, andererseits hatte ich meine Freiheit und konnte auch mit den Nachbarskindern spielen. Es interessierte niemanden, wo ich war oder was ich gerade machte. Ich musste nur rechtzeitig für die Arbeiten im Pferdestall oder zum Abendessen anwesend sein. Eines von den Nachbarskindern war der Neffe meines leiblichen Vaters. Wir hatten es gut zusammen und verstanden uns. Doch immer, wenn er nach Hause ging, wurde mir bewusst, dass er einen Vater hatte und ich nicht. Aus meiner damals kindlichen Sichtweise lebte er, im Gegensatz zu mir, in einer kompletten Familie mit Schwester und Bruder, Vater und Mutter. So eine Familie hatte ich nicht. Einmal war ich verliebt in ein Mädchen, mit dem ich regelmäßig die Hohle Gasse in Mellingen entlang ging. Wir mussten unsere Fahrräder schieben und ließen uns viel Zeit auf dem Schulweg. Das gab zuhause immer wieder mal Ärger, weil ich dann zu spät zum Mittagessen kam. Es war für mich eine Zeit, wo ich mich zum ersten Mal wirklich zu einem Menschen hingezogen fühlte. Ich hatte Schmetterlinge im Bauch, wenn ich dieses Mädchen sah.

Doch das Gefühl mit den flatternden Schmetterlingen hielt nicht lange. Das realisierte ich schnell. Ich fragte mich: Was ist eigentlich Liebe und wie fühlt sich diese an? So wurde mir bewusst, dass Familienbande und das Gefühl der Zusammengehörigkeit wichtig waren. Selbst vermisste ich dieses Gefühl. In meinem Leben war es so, dass die Verwandten – in dieser Zeit waren es insbesondere die Großeltern – die Verantwortung für mich übernommen hatten. Ich mochte meine Großmutter. Doch Liebe? Ich war ihr von meiner Mutter anvertraut worden. Sie kümmerte sich darum, dass ich zu essen hatte, ein Dach über dem Kopf und regelmäßig die Schule besuchte. Dafür hatte ich täglich tatkräftig im Stall beim Misten und Füttern der Pferde mitzuhelfen. In dieser Zeit vermisste ich meine Mutter sehr. Ich hatte Kollegen, die um ihre Mutter trauerten, weil diese starb. Ich selbst hatte eine Mutter, die noch lebte – und gleichzeitig hatte ich keine Mutter. Das Gefühl der abwesenden, mir nicht zugeneigten Mutter hat mich sehr lange begleitet.

Beziehungen zu Frauen wurden später zum Problem, immer und immer wieder. Die erste richtige Beziehung zu einer Frau hatte ich im Alter von 18 Jahren. Damals habe ich das erste Mal gesehen, wie eine «normale Familie» funktioniert. Meine Freundin hatte eine innige Beziehung zu Mutter und Vater, den Schwestern und all ihren Verwandten, die im Kanton Fribourg lebten. Ich fühlte mich wohl und akzeptiert in dieser Familie. Später bin ich mit dieser Frau zusammengezogen. Wir hatten uns eine Wohnung in Spreitenbach gemietet. Sie arbeitete in Baden im Verkauf, ich war auf Montage. Manchmal kam ich erst Ende Woche nach Hause. Meine Freundin beklagte sich, dass sie zu wenig Zeit mit mir verbringen könne. So beschloss ich, meine Arbeitsstelle zu wechseln. Ich ließ mich als Betriebsschlosser in einer Aluminium-Gießerei anstellen. Der Arbeitsplatz lag nahe von unserem Wohnort. Ich schaffte es, jeden Abend zuhause zu sein. Durch den Wechsel der Arbeitsstelle konnte ich keine Ferien beim bisherigen Arbeitgeber eingeben. Aus dem Geld der Überzeit bezahlte ich meiner Freundin eine zweiwöchige Reise nach Mallorca. Als ich sie nach ihrer Rückkehr auf dem Flughafen in Zürich abholte und ihr ins Gesicht blickte, wusste ich genau, dass etwas vorgefallen war. Es dauerte lange, bis sie mir offenbarte, dass sie während des Urlaubs einen Mann kennengelernt hatte. Sie waren sich auch sexuell nähergekommen. Ich verzieh ihr und der Alltag ging weiter.

Ein paar Wochen später organisierte meine Freundin einen Fotoabend mit ihren Ferienbekanntschaften. Natürlich dachte ich mir nichts dabei. Doch wer kam in unsere Wohnung spaziert?

Ein Montagekollege, mit dem ich in Deutschland zusammenge-
arbeitet hatte. Mein Wiederholungskurs in der Schweizer Armee
stand auch an in diesem Jahr. Es war an Silvester, als mich dieser
Kollege anrief und meine Partnerin verlangte. Wenige Wochen
später rief mich meine Freundin von der Arbeit an und sagte,
dass sie nicht mehr zurückkomme nach vier Jahren Beziehung.
In der Zeit, als ich Militärdienst leistete, ging ihr Freund ein
und aus in unserer gemeinsamen Wohnung. Später haben die
beiden geheiratet. Die Erfahrung mit ihr, haben mein Vertrauen
in Frauen erneut erschüttert. Ich war ehrlich und vertraute ihr,
doch wurde ich von ihr hintergangen, so fühlte es sich wenigs-
tens an. Später – in meiner ersten und auch zweiten Ehe – verlief
es ähnlich. Das Muster wiederholte sich. Ich fragte mich immer
wieder, ob ich überhaupt fähig sei zu lieben. Was lief falsch in
meinem Beziehungsleben? Was musste ich ändern? Es war mir
damals nicht klar, dass ich tief verborgen in mir Prägungen aus
der Kindheit trug, die mir das Zusammenleben mit einer Partnerin erschwerten.

Das Gefühl der Wut hatte ich als Kind nicht unterdrückt. «Tob-
suchtsanfälle», wie meine Mutter es nannte, gehörten zu meinem
Abwehrmechanismus. Als Kind spielte ich oft allein im Zimmer.
In der Nacht habe ich mich komplett unter der Bettdecke versteckt. Ich wälzte mich hin und her, bis ich einschlafen konnte.
Das habe ich noch viele Jahre später getan. Auch weigerte ich
mich, Ordnung zu halten. Das brachte meine Mutter regelmäßig
in Rage. Bei ihr musste alles perfekt sein. Statt Klopapier gab
es bei uns zuhause damals noch Zeitungspapier, welches extra
zugeschnitten wurde. Ich durfte jeweils nur drei Blatt nehmen.
Trotzdem entnahm ich dem Stapel etliche Lagen mehr. Ich pro-
vozierte meine Mutter bewusst. Als ich die Primarschule in Zürich besuchte, musste ich einen Schulpsychiater besuchen. Dort
wurde mir aufgetragen, einen Baum und eine Familie zu zeichnen. Der Baum, den ich auf das Blatt Papier malte, hatte keine
Wurzeln. Meine Mutter stellte ich als Teufelin dar, während ich
die Hand des Stiefvaters hielt. Den emotionalen und sexuellen

Missbrauch durch ihn nahm ich als Kind nicht als solchen wahr. Sein Verhalten war für mich – aus damaliger Sicht – eine Form der Zuwendung. Woher hätte ich es anders kennen sollen? Dass dabei meine persönlichen Grenzen massiv überschritten und verletzt wurden, war mir als Kind, das den Eltern ausgeliefert war, nicht bewusst. Meine Mutter nahm ich als eine kalte Person wahr, die nie das Gesicht verlieren wollte. Sie tat alles, um sich nach außen positiv darzustellen. Entsprechend war es ihr wichtig, stets sauber und gut gekleidet zu sein.

Mit dem Zahnarzt verstand ich mich gut. Ich kratzte sogar eine neue Zahnfüllung aus meinem Mund heraus, um ihn nochmals besuchen zu dürfen. Natürlich tat ich es auch, um meine Mutter zu ärgern. Sie war meine Mutter, eine Beziehung zu ihr war für mich immer spürbar. Ich habe den Kontakt zu ihr immer wieder gesucht. Lebte ich nicht bei ihr, so habe ich sie vermisst. In der Schule war ich eher ein ruhiges Kind. Ich habe viel geschwätzt, doch hatte ich auch Respekt vor den anderen Schülerinnen und Schülern. Ich beteiligte mich gerne an Rangeleien. Das waren keine Schlägereien. Es ging uns Buben damals vor allem darum, herauszufinden, wer der Stärkere war. Als ich später Judo trainierte und es bis zum blauen Gürtel schaffte, hatte ich diese Rangeleien nicht mehr nötig. Während meiner dreijährigen Berufslehre zum Metallbauschlosser forderte das Velofahren meine Kräfte. Ich quälte mich mit meinem Drei-Gang-Velo die steilen Straßen hoch. Da ich am Berg gut war, Kraft hatte und allen davonfuhr, wollte mir der Radfahrerverein Rütihof, bei dem ich Mitglied war, ein Rennrad zur Verfügung stellen. Doch ich lehnte ab, denn ich sah mich nicht als Radrennfahrer. Um mir selbst ein Rennvelo zu kaufen, verfügte ich damals über zu wenig Geld.

Ich frage mich oft: Waren es Wut-Gefühle oder habe ich alles einfach weggesteckt? Habe ich es als normal betrachtet, was mir alles zugemutet wurde? Ich war stets ein positiv eingestellter Mensch, wenig nachtragend, immer offen für Neues. Die sexuelle Neugier war auch da, als ich älter wurde: «Jemand gibt sich mit mir ab». Diese Assoziation verband ich mit Sexualität. Die Einsamkeit war während der Berufsausbildung immer spürbar. Ich dachte sogar an Suizid, als es mit dem Lehrmeister schlecht lief. In dieser Zeit habe ich viel geweint. Ich fuhr jeden Tag mit dem Fahrrad oberhalb des Hauses meines leiblichen Vaters vorbei. In diesem Haus wohnte er mit seiner Frau und den drei Kindern. Ich vermisste in diesen Jahren so sehr einen männlichen Ansprechpartner! Durch den Tod des Großvaters 1968 hatte ich eine wichtige männliche Bezugsperson verloren. Ich lebte danach mit meiner Großmutter und der Tante, blieb aber in meinem Garagenzimmer. Während der Berufslehre hatte ich leider meine Kontakte zu den früheren Schulkameraden verloren. Mein wichtigster Spielkamerad damals war jünger als ich und ging noch zur Schule. Ich hatte nie viele Freunde, da ich oberhalb des Dorfes wohnte.

Mein Kontakt ins Dorf war nicht ausgeprägt. Ich musste fast immer auf dem Hof mit den Pferden arbeiten, wenn die andern etwas unternahmen. Ich konnte auch nicht schwimmen, denn ich hatte nie die Gelegenheit für Schwimmunterricht gehabt. Insbesondere im Sommer gab es viel Arbeit auf dem Hof. Deshalb hatte ich nur selten genug Zeit, um ins Schwimmbad zu gehen. Mit dem Element Wasser hatte ich keine guten Erfahrungen gemacht. Als ich noch bei meiner Mutter und dem Stiefvater lebte, war ich im Hallenbad ins tiefe Wasser geraten und schaffte es allein nicht mehr, in den Bereich der Nichtschwimmer zu gelangen. Ich tauchte immer wieder hoch, schnappte nach Luft und ging abermals unter. Ich zappelte im Wasser herum wie ein Hund, denn schwimmen konnte ich nicht. Dies tat ich so lange, bis mich eine Frau, die mir zufällig bei meinen hilflosen Schwimmbewegungen zusah, hastig in den Nichtschwimmerbereich zog. Ich wusste damals nicht, dass mein Stiefvater mir gefolgt war und mich von der Terrasse aus beobachtet hatte. Ich habe nie erfahren, ob es ihm gefiel, mir dabei zuzusehen, wie ich Todesängste hatte, oder ob er mich wirklich ertrinken sehen wollte. Erst später hat er mir erzählt, dass er die Situation die ganze Zeit über beobachtet hatte. Ich war damals ein Junge von neun Jahren. Die zweite bedrohliche Begegnung mit dem Element Wasser erlebte ich in Gampelen am Neuenburgersee. Geschubst von einem Kollegen, bin ich von der Luftmatratze gefallen und gleich untergetaucht. Ich habe noch das Bild vor mir, wie die Luftmatratze oben schwamm und ich immer weiter nach unten sank. Ein anderer Junge hat mich dann kurzerhand herausgezogen. Später zog ich mal ein Mädchen aus dem Wasser, welches im eigenen Swimmingpool unterging.

Wut gegen andere, auch gegenüber jenen, die mich auf die eine oder andere Art missbrauchten, habe ich keine verspürt. Ich neigte jedoch stark zu Melancholie. Ich war seit meiner frühen Kindheit gewohnt, oft allein zu sein. Die Trauer war da, sie begleitete mich über einen langen Zeitraum. Auch später, das war 1989, als mich meine erste Ehefrau mit den beiden Töchtern verließ, war ich nicht wütend, sondern vor allem traurig. Denn ich wollte nicht, dass meine beiden Töchter eine ähnliche Situation durchleben mussten, wie ich damals. Deshalb konnte ich es lange nicht verstehen und akzeptieren, warum unsere Ehe scheiterte. Unsere beiden Töchter waren drei- und fünfjährig. Grundsätzlich war ich immer ein optimistisch eingestellter Mensch. Ich lachte oft und gerne, machte Schabernack und spielte Streiche. Ich war talentiert im Witzeerzählen. Zugegeben, ich stellte mich manchmal als Unterhalter bewusst in den Mittelpunkt. Ich versuchte, jene Anerkennung zu bekommen, die ich sonst nicht erhielt. Dasselbe erfuhr ich durch den Sport. Ich war gut und trainierte hart. So bekam ich jene Aufmerksamkeit und Zuwendung, die ich ansonsten vermisste. Auch im Judo, das ich zwischen 1970 und 1975 während meiner Lehrzeit praktizierte, lief es ähnlich. Ich fand im Sportclub männliche Kollegen, die mich für meine Leistungen lobten und sogar förderten. Ich glaubte auch als junger erwachsener Mann immer noch an das Gute im Menschen, obwohl ich fast regelmäßig das Gegenteil erlebte. Als ich dann als Monteur oft unterwegs war, gab ich das Judo und die Trainings auf, denn ich konnte den Judoclub nicht mehr regelmäßig besuchen.

Alles, was ich erlebte, führte mich zu einer ausgeprägten Menschenkenntnis. Heute bin ich in meinem Leben und Bewusstsein dort angekommen, wo ich Menschen nicht mehr verurteile für das, was sie taten. Alles gehört zu meinem Leben und meinem Erfahrungsschatz dazu. Ohne all diese Erlebnisse wäre ich nicht da, wo ich nun bin. Nach wie vor sehe ich zunächst das Gute im Menschen. Ich bin nicht verbittert, ganz im Gegenteil. Ich liebe die Menschen und habe immer wieder Vertrauen in sie. Ich habe mich schon mehrfach gefragt, wie mein späteres Leben verlaufen wäre, hätte ich die Möglichkeit gehabt, in einer liebevollen Familie aufzuwachsen. Ich wusste in vielen Bereichen meines späteren Lebens nicht, welches Verhalten richtig oder falsch war. Auch traute ich mir wenig zu auf meinem Weg. Einerseits war ich ein spontaner Mensch, der vor Ideen sprühte. Damit konnten nicht alle umgehen in meinem Umfeld. Andererseits haperte es an der Umsetzung all dieser Ideen. Ich war begeisterungsfähig. Mit meiner schnellen Auffassungsgabe sah ich unmittelbar, wo etwas hinführen konnte. Ja, ich hätte dringend eine Familie gebraucht! Ich hätte verlässliche Menschen gebraucht, die mir Ratschläge geben konnten. Stabilität und Sicherheit fehlten mir auf meinem Weg. Ich musste schon früh wichtige Entscheidungen selbst treffe, deren Konsequenzen dann auch allein ausbaden. Durch mein Berufsleben zieht sich kein roter Faden. Ich fing als gelernter Metallbauschlosser an, wechselte dann als Schlosser auf Montage, übernahm eine Stelle als Betriebsschlosser, dann wurde ich Technischer Offiziersassistent auf dem Schiff MS Narica der Deutschen Shell GmbH, dann Fabrikschlosser. Die Ausbildung zum Krankenpfleger FA SRK folgte. Danach arbeitete ich als Taxifahrer nebenbei. Später arbeitete ich in Luzern als Stationsleiter in einem Pflegeheim. Ich absolvierte die Ausbildung zum Heimleiter, war Betreuer in einem Männerheim, nochmals Taxifahrer, dann Sozialberater im Gefängnis Bostadel. Ich wechselte auf die Nachtwache im Asylbereich. Daraufhin bekam ich die Stelle als Leiter einer Kantonalen Durchgangsstation für Asylbewerber. Ich arbeitete als Staubsauger-Verkäufer, dann Versicherungsvertreter, zwischenzeitlich war ich arbeitslos, dann Schulbusfahrer während 10 Jahren nebenbei, ich wurde Schwerstbehindertenpfleger und war bis zur Pensionierung während knapp zweier Jahre arbeitslos. Wahrlich ein nicht alltägliches Berufsleben.

Erst während der Zeit der Arbeitslosigkeit habe ich mich vermehrt mit spirituellen Energien und unterschiedlichen Therapieansätzen auseinandergesetzt. Ich habe mich intensiv weitergebildet, habe die Trümmer in meinem Leben aufgesammelt und aufgearbeitet und mich so schrittweise therapiert.

Die Beziehung zu meinen Mitmenschen war kontrovers. Auf der einen Seite war ich offen und gesellig, habe jeden so akzeptiert wie er ist. Ich konnte mit dem Chef einer Firma genauso gut reden wie mit dem Gemeindedienstarbeiter oder einem Menschen mit einer geistigen Beeinträchtigung. Ich sammelte Erfahrungen aus diversen Beziehungen zu Frauen. Aus heutiger Sicht bin ich mir nicht sicher, ob ich je wirklich fähig war, die Liebe angemessen zu erwidern. Mit meiner ersten Ehefrau verband mich am meisten. Wir hatten die gleiche Ausbildung und gleiche Interessen. Sicherlich war sie noch eher jung, als sie mit 24 Jahren schwanger wurde. Ich war 29, als die älteste Tochter zur Welt kam. Zwei Jahre später erlebten wir die Geburt der zweiten Tochter. Und wieder diese Situation, die ich schon aus früheren Jahren kannte: drei Frauen und ich unter einem Dach.

Nach der Trennung von meiner ersten Ehefrau ging ich eine Beziehung ein mit einer Frau, die bereits Kinder hatte. Sie zog mit ihren drei Töchtern bei mir ein. Diese Beziehung hielt immerhin acht Jahre. Danach lebte ich erstmal für eine Weile allein. Mein Vertrauen war arg angeschlagen, ich vertraute damals niemandem mehr.

Niemals hätte ich gedacht, dass ich nochmals heiraten würde. Ich hätte mir nicht vorstellen können, dass mich jemals eine

Frau so akzeptiert, wie es meine zweite Ehefrau getan hat. Sie stellte keine Forderungen an mich. Sie wusste, dass mein Arbeitstag im Außendienst lange dauerte. Sie machte mir nie Vorwürfe, ich sollte mehr zu Hause sein. Sie war eine einfühlsame Frau. Ich hatte sie in den Ferien in Thailand kennengelernt. Es war anders mit ihr als mit anderen Frauen. Zumindest war das so, bis unsere gemeinsame Zeit als Ehepaar sich dem Ende zuneigte. Die letzten zwei Jahre verliefen turbulent. Sie hatte eine außereheliche Beziehung und stelle Forderungen an mich. Sie wollte in unserer Wohnung bleiben, obschon ich dort schon seit 30 Jahren lebte und ich alleine die Miete bezahlte. Mit der Perspektive, bald pensioniert zu werden, war ich auf eine Wohnung mit bezahlbarem Mietzins angewiesen. Deshalb weigerte ich mich, auszuziehen. Meine Frau zog noch während unserer Trennungszeit zu ihrem Freund und das Thema hatte sich erledigt. Abermals erschütterte mich diese Erfahrung. Mein Misstrauen in Frauen verstärkte sich. Heute bin ich der Ansicht, Mann und Frau sollten wohl eher nicht zusammenleben. Irgendwie passt es einfach nicht. So viele Konflikte würden sich erst gar nicht ergeben. Ich denke, es bleibt harmonischer in einer Beziehung, wenn jeder die eigene Wohnung behält.

Grundsätzlich gehe ich nie davon aus, dass ein Mensch schlecht ist oder jemand mich ausnutzen will. Kein Verbrecher wurde so geboren – alle wurden sie durch äußere Umstände dazu gebracht, Wege zu wählen, die andern Schaden zufügten. Der eine Weg führt in die Kriminalität und damit in die Dunkelheit, der andere bleibt im Licht. Auch ich habe früher oft gelogen, konnte die Wahrheit nicht aussprechen, obwohl es offensichtlich ich war, der etwas Unkorrektes getan hatte. Die Angst vor Bestrafung und den Konsequenzen war das eigentliche Thema. Der Schmerz, etwas zugeben zu müssen, von dem ich genau wusste, dass es falsch war oder nicht in Ordnung, tat weh. Als drakonische Konsequenzen ausblieben, kam auch die Ehrlichkeit zurück. Heute brauche ich nicht mehr zu lügen. Ich weiß, dass ich allein verantwortlich bin für mein Handeln. Früher suchte ich nach Rechtfertigungen, warum ich dieses oder jenes getan oder eben nicht getan hatte. Mein Selbstvertrauen kam schrittweise zurück. Ich bin nicht mehr schwach. Auch habe ich nicht den Eindruck, mich ständig behaupten zu müssen.

Channelings haben mich immer fasziniert. Ich habe sie erstmals im Internet entdeckt und fühlte mich sofort angezogen. Ich kontaktierte die Medien Laila Santini, Ilka Mara¨Rian Schneider, Kryon (ein geistiges Wesen), Sabine Sangitar Wenig, Gaby Teroerde. Zudem las ich fortlaufend Bücher zu spirituellen Themen. Mit diesen medial begabten Frauen habe ich während Jahren an meinen Themen gearbeitet. Ich habe losgelassen, was sich lösen durfte. Zugleich waren diese Frauen für mich Ansprechpartnerinnen, wenn ich die nächsten Schritte gehen wollte. Ich blieb immer derjenige, der die Entscheidung fällte. Ich erlebte körperliche Reinigungen in vielerlei Hinsicht. Es kam zu einer Herzöffnung und mein Urvertrauen wurde gestärkt. Ich wusste in dieser Zeit, dass ich meine Wohnung in Menzingen nicht verlassen musste. Das gab mir Sicherheit in der Trennungsphase und späteren Scheidung von meiner zweiten Ehefrau. Durch die intensive Begegnung mit den Medien lernte ich, dass die bedingungslose Liebe das Entscheidende ist. Von der bedingungslosen Liebe zur Vergebung war es dann für mich nur noch ein kleiner Schritt. Nebenberuflich absolvierte ich die Ausbildung in Autogenem Training in Zürich. Ich besuchte das Seelen-Coaching bei Pirmin und Bernadette Bamert in Uznach SG mit anschließenden wöchentlichen Übungsabenden. Daraufhin erlernte ich die Technik der Quantenheilung beim Heede-Institut in Leimen (Deutschland), die Anwendung der Methode von Cycling bei Hannes Hendrik in Wolfratshausen (Deutschland) und die EFT Klopftechnik bei Reto Wyss in Herzogenbuchsee BE. EFT ist die Kurzform für Emotional Freedom Techniques. Die Methode von EmoTrance erlernte ich bei Silvia Hartmann in Herzogenbuchsee BE, daraufhin das Theta Reading bei Franziska Winkler in Winterthur ZH. Die Licht- und Gebetstherapie erlernte ich bei Margita Rittweg in Unterwurzach (Deutschland). Die Ausbildung in Radiästhesie und Geomantie absolvierte ich beim Radiästhetischen Verein RVA Ägerital ZG. Später besuchte ich weitere Ausbildungsabende in spiritueller Praxis bei Assunta Baumann, Engelpraxis, in Mettmenstetten ZH und in Trauma-Arbeit mit ätherischen Ölen bei Doris Hefti in Rotkreuz ZG. Die Verzeihungsarbeit ist eine Möglichkeit, Energien wieder ins Fließen zu bringen. Ob es vom Opfer oder vom Täter ausgeführt wird, ist nicht entscheidend. Wichtig ist, dass es gemacht wird!

Bevor ich aktiv daran gehe, jemandem zu verzeihen, erde und verbinde ich mich entsprechend. Ich spreche:

Erdung 3x
Ich verbinde mich mit der heiligen Dreifaltigkeit (oder meiner eigenen Göttlichkeit),
mit Gott Vater, Gott Sohn Jesus Christus und Gott Heiliger Geist und der Mutter Erde.

Oder: Ich verbinde mich mit meiner eigenen heiligen Göttlichkeit und der Mutter Erde.

Vergebung, *so oft wie nötig.*

Ich vergebe mir und ... xy (den Namen der betreffenden Person) alle unsere negativen Gedanken, Gefühle, Worte und Taten im jetzigen sowie auch aus allen früheren Leben und lasse sie in Frieden und Leichtigkeit los.
Ich bitte darum, auch mir zu vergeben.

Es empfiehlt sich, dies so oft aufzusagen, bis du dabei Erleiterung in deinem Herz Raum spürst. Stell dir vor, dass all die Menschen, mit denen du ein Verzeihungsritual machen möchtest, wie mit einem Gummiband mit dir verbunden sind. Je mehr solcher Verbindungen du hast, umso weniger gut kannst du dich frei bewegen. Nun denkst du vielleicht, okay, dann schneide ich einfach alle Gummibänder auf einmal ab. Doch so funktioniert es nicht.

Für jeden einzelnen Menschen, den du noch in Erinnerung hast, ist es empfehlenswert, dieses Verzeihungsgebet zu wiederholen. Ja, das ist Arbeit! Da kommt mitunter eine ganze Menge zusammen. Du wirst nicht alles auf einmal aufgelöst haben. Plötzlich kommt dir wieder eine Person in den Sinn, mit welcher du dieses Ritual auch noch durchgehen möchtest. Dann tue es! Denn diese Person taucht nicht zufällig auf in deinen Erinnerungen. Da will etwas gelöst werden. Auch wenn du denkst, hier gibt es nichts zu verzeihen, empfehle ich dir, es dennoch zu tun. Vielleicht genügt es ja, das Gebet nur einmal zu sprechen und dein Herz öffnet sich bereits. Und wie spürst du, dass dein Herz sich öffnet? Du wirst es fühlen – es tritt eine Erleichterung ein in deinem Körper. Ho'opono'pono ist ein traditionelles Verfahren aus Hawaii zur Aussöhnung und Vergebung. Auch damit habe ich mich beschäftigt, es hat mich sehr angesprochen. Die MIR-Methode von Mireille Mettes ist eine einfache Selbstheilungs-Technik. Auch hier geschieht Vergebung. Auch das persönliche Gespräch kann ich aus eigener Erfahrung empfehlen, wenn du in die Verzeihung mit jemandem gehen möchtest. Dann geschieht Heilung sofort. Schaue dabei dieser Person in die Augen und sprich: «Bitte verzeihe mir und ich verzeihe dir, egal was je gewesen ist zwischen uns.» Ihr werdet beide sofort spüren, dass es in eurem Körper und um euch herum leichter und heller wird. Etwas, das ihr vielleicht schon seit unendlicher langer Zeit mit euch herumgetragen habt, fällt von euch ab, wenn ihr beide bereit seid, die Vergebung anzunehmen und damit das Ereignis loszulassen.

All die sexuellen Übergriffe aus meiner Kindheit und Jugend sind für mich heute kein Thema mehr. Es belastet mich nicht mehr. Es ist vorbei und vor allem, es ist vergeben. Es gibt sicher weitere Themen, die mich immer wieder mal belasten. Auch ich habe Ängste, die ich nicht einfach loslassen kann, so gerne ich das tun würde. Ich habe in den Jahren der Aufarbeitung meiner bisherigen Lebensgeschichte nie einen Trauma-Spezialisten oder Psychotherapeuten aufgesucht. Auch mit Opfer-Hilfestellen von Kanton, Gemeinde, Kirche oder anderen offizielle Anlaufstellen habe ich keine Erfahrungen gemacht. Ich folgte stets meiner Intuition auf dem

Blacky kam überall hin mit.

Weg der Aufarbeitung meiner Traumata und bin dabei mir wichtigen Menschen begegnet. Gewiss ist auch dieses Buch ein weiterer Baustein. Ich möchte den Leserinnen und Lesern aufzeigen, dass trotz schwieriger Kindheit und Jugend, gezeichnet von Verlassenheit, Ausgrenzung, Gewalt und Missbrauch, ein Weg in die Aussöhnung und damit ins Licht führt.

Das Wahrnehmen des Feinstofflichen

Ich weiß nicht, ob ich mit dieser besonderen Art der Wahrnehmung bereits zur Welt kam. Das ist gut möglich. Alle Kinder haben ein ausgeprägtes Gespür. Bei mir waren es sicherlich die äußeren Ereignisse, die mich als Kind erschüttert haben. Dabei ist gleichzeitig meine Sensitivität zugeschüttet worden. Erst im fortgeschrittenen Alter habe ich mich meiner Wahrnehmung angenommen und sie dadurch mehr und mehr vertieft. Durch das Pendeln eröffneten sich mir neue Horizonte. Meine Sinne wurden aktiviert und haben sich im Verlauf der Zeit mit dem fortschreitenden Üben verfeinert. Die Erkenntnis, dass ich Energien und Felder erspüren konnte, war faszinierend. Ich war hochmotiviert und wollte mehr darüber erfahren. Ich bat die Geistige Welt, dass sie mir mehr über dieses Gebiet zeigen soll. Diese Bitte erwies sich im Nachhinein als falsch. Dann habe ich mich auf das konzentriert, was ich bereits fühlte, und war dankbar dafür.

Ich wollte immer hellhörend sein. Ich fand es faszinierend, wenn jemand Fragen stellte und diese postwendend beantwortet wurden. Heute weiß ich, dass Bescheidenheit und Dankbarkeit wichtiger sind. Ob ich jemals hellhörend werde, interessiert mich eigentlich nicht mehr. Ich arbeite mit dem, was mir geschenkt wurde: mein feines Gespür und mein Wissen. Es gibt Menschen, die offen gegenüber meiner Arbeit sind, andere wiederum können damit nichts anfangen. Letztere zu überzeugen, würde nichts bringen. Ich spüre unmittelbar, ob ich mit einem Menschen oder auch einem Tier arbeiten kann. Ich zwinge das, was ich spüre und damit zur Kenntnis bringen kann, niemandem auf. Offene Menschen sind grundsätzlich auch neugierig. Sie möchten mehr über sich und ihre Mitwelt erfahren, über die Umstände, in welchen sie leben, die Ursachen von Schmerz und Krankheit oder über grundsätzliche Zusammenhänge – diese Menschen ziehe ich an, respektive sie mich. Jedes Neugeborene ist fähig zu erhöhter Wahrnehmung. Warum die einen die Fähigkeiten beibehalten und andere nicht, ist schwierig zu beantworten. Viele Kinder wollen nicht anders sein als andere und weigern sich, ihre Fähigkeiten zu leben. Das soziale und familiäre Umfeld, in welchem sich das Kind bewegt und lernt, hat einen entscheidenden Einfluss darauf. So gesehen waren wir alle mal hellhörend, hellsehend, hellfühlend und hellwissend.

Mein Hund machte einen Bogen um jedes Naturwesen, das am Wegrand saß. Er hat sie gespürt oder gesehen, nur deshalb hat er sich so verhalten. Den Katzen sagt man seit jeher Hellsichtigkeit nach. Tiere haben generell ein ausgeprägtes Gespür. Pferde und Kühe wissen in jenem Moment, wo ihr Besitzer oder Betreuer den Stall betritt, ob es diesem Menschen gut geht oder ob er angespannt ist. Entsprechend reagieren die Tiere auf das Energiefeld des Menschen. Wenn jemand mit energetischen Besetzungen bei ihnen auftaucht, so spüren sie auch das. Ich erlebe oft, dass bei Hausuntersuchungen die Besitzer von Hunden und Katzen sagen, ihre Tiere hätten Angst vor fremden Menschen und vor allem vor fremden Männern. Sie sind dann immer erstaunt, dass die Tiere direkt zu mir kommen und sich in meiner Nähe wohl fühlen. Werde ich in einen Stall mit Pferden gerufen, so schaue ich mir das Pferd an und weiß, ob es ein Problem hat oder nicht. Ich kann nicht sagen warum. Dies liegt wohl an meiner Fähigkeit des Hellwissens. Meist lenkt mich mein Blick direkt an die Stelle, wo die Schmerzen oder das Problem liegen. Ich bleibe irgendwie mit den Augen an diesen Punkten hängen – das ist einfach so. Ich steuere das nicht bewusst und rational. Das läuft völlig intuitiv ab. Das Pendel, das ich bei solchen Untersuchungen immer abfrage, bestätigt mir die Informationen in den allermeisten Fällen. Manchmal wird mir der Grund einer Krankheit, einer Fehlstellung oder eines Schmerzes mitgeteilt. Ich sehe Situationen und erkenne dann die Ursache des Problems. Woher ich dieses Wissen erhalte, kann ich nicht sagen. Es können Informationen sein, die das Tier selbst übermittelt, es kann ein Blick in die Akasha-Chronik sein oder ein Download aus der Geistigen Welt.

Die Akasha-Chronik ist die Gedankenwelt. Dahinter steht die Idee, dass in der Akasha-Chronik jeder Gedanke, den die Menschen jemals hatten, aufgezeichnet ist. Das Konzept ist, dass jedes Ereignis, das jemals im Universum stattgefunden hat, irgendwo Spuren in der Akasha-Chronik hinterlassen hat.

Ich habe keine Kurse in Tierkommunikation gemacht. Ich benutze einfach mein Pendel und stelle jene Fragen, die mir wichtig erscheinen. Mein Blick und meine Fokussierung bleiben am Tier – oder vielleicht müsste man eher sagen *im* Tier – hängen. Ich erhalte keine Bilder, es sind konkrete Informationen. Ich frage in solchen Situationen immer das Pendel ab, ob ich alle Informationen richtig «gelesen» habe. Das Erkennen und Lesen der Aura als Übung lässt sich bei Bäumen am einfachsten praktizieren. Bei Menschen ist es auch nicht besonders schwierig. Befindet sich beispielsweise hinter dem Menschen eine helle Wand, so ist es durchaus möglich, rund um den Körper eine weitere Schicht wahrzunehmen. Je mehr man übt, umso sicherer wird man dabei.

Als weitere Übung schlage ich vor, mit dem Pendel einen Wasserverlauf aufzuspüren. Danach kann der Übende mit den Handflächen nach unten über diese Zone gehen und den Unterschied wahrnehmen. Viele spüren es direkt im Körper – ein Kribbeln oder Temperaturunterschiede, ein Ziehen oder Ähnliches. Wie nimmt man die Umgebung wahr, wie fühlt es sich an, wie ist der Raum, der betreten wird? Manchmal stellt es mir alle Haare an den Armen und Beinen auf, wenn ich einen Raum betrete. Dann weiß ich, dass sich in diesem Raum eine spezielle Energie befindet. Dies kann die Seele eines Verstorbenen sein, eine negative Energie oder auch eine dämonische Wesenheit. Eine weitere Möglichkeit für Übende ist es, an einen bekannten Kraftort zu gehen, sich in diesen hinzufühlen und mit der Umgebung abzugleichen. Als wichtigsten Tipp empfehle ich das bewusste, langsame Gehen mit den Handflächen nach unten gerichtet. Die Handflächen mit ihren Chakren wirken so gehalten wie Antennen. Und natürlich gehe ich dabei fast immer barfuß. Auch dies empfiehlt sich, wenn man auf Empfang schaltet und mehr Informationen aus seiner Umwelt über die Sinne aufnehmen möchte.

Woher stammt das Wissen über die Radiästhesie?

Meine früheste Begegnung mit einer Pendlerin war jene mit meiner Großmutter, bei der ich zeitweise aufwuchs. Meine Großmutter hat bei allerlei Fragen im Leben gependelt. Sie hat es immer für sich selbst gemacht, nicht im Auftrag von Dritten. Das Pendel zu befragen, bevor sie wichtige Entscheidungen fiel, war für sie selbstverständlich. Von drei ihrer Töchter wendete eine ebenfalls das Pendel an – das war nicht meine Mutter, sondern meine Taufpatin. Sie machte dies noch bis ins hohe Alter. Ich kenne Frauen, die erfolgreich Häuser und Schlafräume entstören und gefragte Radiästhetinnen sind. Frauen werden allgemein etwas weniger als Pendlerinnen und Radiästhetinnen wahrgenommen, weil sie oft weniger im Außen arbeiten. Viele von ihnen sind mehr beratend tätig, wozu sie keine fremden Häuser und Plätze betreten müssen. Doch auch hier ändert sich viel und unter meinen Kursteilnehmenden befinden sich immer auch Frauen.

Eine Arbeitskollegin hat mich eingeladen, an einem Pendelkurs-Abend der Radiästhetischen Vereinigung Ägerital (RVÄ) teilzunehmen. Das war 2006. Ab diesem Zeitpunkt nahm ich regelmäßig an den monatlichen Übungen teil. Einer meiner Förderer war Philippe Elsener aus Thal SG, der zuvor im Kanton Schwyz wohnte. Er ist ein «gschpüriger», kritischer und alles hinterfragender Mensch mit einem umfassenden Wissen. Das Hinterfragen von gängigen Ansichten, gepaart mit unentwegter Neugier, führt zu neuen Erkenntnissen. Was heute gilt, kann morgen anders sein. Auch das Pendeln ist immer eine Momentaufnahme des Radiästheten. Ein weiterer Lehrer auf meinem Weg ist mir mit Armin Zweifel begegnet. Er war während vieler Jahre Präsident des RVÄ. Von ihm habe ich das Wichtigste fürs Wassersuchen – „Wasserschmöcke" – gelernt und noch eine Menge mehr.

Überlieferung aus alten Kulturen

Der erste professionelle Pendler, dem ich begegnete, war Philipp Elsener. Das war für mich sehr beeindruckend. Dass das Spüren von Feldveränderungen im Menschen eine Reaktion auslöst, hatte ich schnell begriffen. Philipp Elsener hat mir aufgezeigt, dass es noch viel mehr als bloß Wasseradern und Gitternetzlinien aufzuspüren gilt. Er vermittelte mir und auch den andern Kursteilnehmenden die Sicherheit im Umgang mit dem Pendel. Dafür bin ich ihm bis heute dankbar. Auch dass der Horizont immer wieder neu geöffnet werden sollte, habe ich von ihm gelernt. Althergebrachtes mag gut sein, doch darf es fortlaufend überprüft und hinterfragt werden. Noch bis vor wenigen Jahren war jeder Radiästhet ein Einzelkämpfer. Viele Radiästheten der älteren Generation beharren auf ihren eigenen Methoden. Es gibt jedoch immer mehr als nur einen Weg, ein Haus zu entstören oder auf Fragen eine Antwort zu erhalten. Es gibt Radiästheten, die nur mit ihrem Gespür arbeiten, ein anderer nimmt das Pendel zu Hilfe, ein Dritter benutzt die Rute und ein Weiterer setzt auf die Lecherantenne. Diese ist technisch konstruiert. Die Lecherantenne wird meist von Menschen mit einem technischen Beruf angewendet – zum Beispiel Elektroingenieure. Sie können mittels Lecherantenne extrem ins Detail gehen. Dies erscheint mir für meine Anwendung nicht geeignet.

Ich benutze in meiner Vorgehensweise Prozent-Tabellen mit Werten, die ich abfragen kann. So erhalte ich ein exaktes Bild. Ich kann also die Wahrscheinlichkeit oder Wirkungsweise zwischen 0 und 100 Prozent oder auch mehr auspendeln. Ich bin von den Pendeltabellen heute

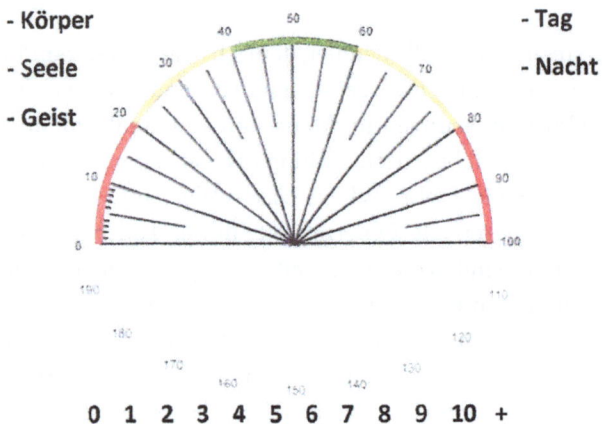

- Körper   - Tag
- Seele   - Nacht
- Geist

0   1   2   3   4   5   6   7   8   9   10   +

Prozenttabelle, Ja/Nein/ Energiezustände (Ampelsystem)
Auf welcher Ebene? Anzahl (Tropfen, Wesenheiten, etc.)
Wann tritt die (Wirkung, Wesenheiten etc.) ein oder wann ist es aktiv?

dermaßen überzeugt, dass ich sie auch großzügig verteile. Man findet sie sogar im Internet – subtil.net – zum Herunterladen und Ausdrucken. Es ist da möglich, eine eigene Pendeltabelle zu entwerfen. Früher war dies der Schatz oder das gut gehütete Geheimnis eines Radiästheten. Heute geht es zum Glück vermehrt um das Teilen von altem Wissen, so dass alle in den Genuss der Anwendung kommen.

Jeder Radiästhet gibt sein Wissen weiter

Der RVÄ organisiert seit Jahrzehnten Pendelkurse. Inzwischen unterrichte ich diese Kurse. Pro Jahr finden zwei Kurse statt – einer findet im Frühling, der andere im Herbst statt. Da es im Kanton Uri keinen Pendelverein gibt, jedoch großes «Pendelpotenzial» unter den Urnerinnen und Urnern, organisiert der RVÄ auch im Urnerland Kurse. Sie werden rege gebucht. Ich durfte dort ausgezeichnete Pendlerinnen und Pendler kennenlernen. Dass das Pendeln von der jüngeren Generation eher belächelt wird, ist aus meiner Sicht verständlich. Sie haben ihren Weg noch vor sich. Doch auch unter den jungen Erwachsenen gibt es jene, die bereit sind, auch mal das Pendel einzusetzen. Die meisten unter ihnen kennen es von den Großeltern oder Eltern. Im Kurs zeigen wir aus professioneller Sicht auf, was Radiästhesie ist, was sie alles kann und wie man sie anwendet. Was die Kursteilnehmenden später daraus machen, ist ihrer Entscheidung überlassen. Es gibt Teilnehmende, die später oft und regelmäßig für sich selbst pendeln. Es gibt aber auch solche, die es auf Anfrage und im Auftrag anderer tun. Nur ganz wenige legen nach dem Kursbesuch das Pendel zur Seite. Zu faszinierend war der Einblick in die Materie, zu tief gingen die einzelnen Übungen.

Zum täglichen Gebrauch

Der RVÄ ist dem Verband für Radiästhesie und Geobiologie Schweiz (VRGS) angegliedert. Zu diesem gehören weiter die Vereine aus Bern, Zürich, Solothurn, Graubünden und neu auch wieder aus Luzern. Der Verein aus Basel lässt es noch offen, sich dem nationalen Verband wieder anzuschließen. Die Vereinsgeschichte des RVÄ hat 1965 Jahren begonnen. Die qualitativ hochstehende Ausbildung führt dem Verein neue Mitglieder zu – aktuell sind es rund 80. Die Hälfte der Vereinsmitglieder ist aktiv und immer wieder an Vorträgen oder Übungsabenden anwesend. Der radiästhetische Lehrpfad «der Pfad» auf dem Sattel-Hochstuckli SZ ist eine gelungene Sache. In Fronarbeit erstellt und durch den Verein unterhalten, steht ein Rundweg mit diversen Themen zum Üben in Form von 24 Posten bereit. Steintor, Steinkreis, Wassersuchen, Pyramide und vieles andere erwartet dort interessierte und lernwillige Pendlerinnen und Pendler. Der RVÄ bietet in den Sommermonaten auch Führungen an. Diese können von Schulen, Einzelpersonen oder auch von Unternehmen und Vereinen gebucht werden.

Übung macht die Meisterin

Die Kurse des RVÄ sind so aufgebaut, dass zunächst in die Geschichte der Radiästhesie eingeführt wird. Danach erfolgt die Handhabung des Pendels, die Programmierung und die ersten Übungen mit dem Willen, gewisse vorgegebene Kreise und Linien mit dem Pendel abzufahren. So erkennen die Teilnehmenden den wichtigsten Verhinderer des Pendelns: den Kopf und das rationale Denke.

«Pendeln ist der einzige Job, bei welchem man kopflos arbeiten darf.»

Die Kursteilnehmenden erfahren alles über Polarität, Gitternetzlinien, Wasseradern, Leyline, Boviseinheiten, Schüßlersalze, Vitamine und Mineralien. Auch die Fragetechnik ist entscheidend und wird den Kursbesuchern vermittelt, ebenso die Pendeltabellen und die Methode des mentalen Pendelns. In einem weiteren Teil wird Wissenswertes rund um Elektrosmog und die umfassende Hausuntersuchung vermittelt. Der Praxisunterricht kann dann auf dem Lehr- und Übungspfad auf dem Hochstuckli erfolgen. Jeder Kursteilnehmer wird auf dem Pfad begleitet und individuell betreut. Ich biete auch selbständig unter meiner Webseite www. mettlerenergie.com eigene Kurse an. In meinem energetisch-medizinischen Pendelkurs zeige ich auf, wie das Pendel richtig am Menschen und am Tier eingesetzt wird – von der kurzen Einführung in die Anatomie des Menschen bis hin zum Körper der Tiere. Zudem erkläre ich einige mentale Techniken und wie sie gezielt eingesetzt werden. Während meines Unterrichts lasse ich viele Beispiele aus meiner Praxis einfließen, damit der theoretisch vermittelte Teil veranschaulicht wird und von jedem Kursteilnehmendem nachvollzogen werden kann. Ich erhalte viele positive Rückmeldungen auf mein Kursangebot. Je nach Anzahl Teilnehmenden führe ich zwei bis drei Kurse pro Jahr durch. Radiästhesie und Impulse setzen zur eigenen Gesundheit.

Radiästhesie und ihre Wirkung auf Menschen

Warum reagieren einige Menschen auf Wasseradern und andere belastenden Energien und andere Menschen wiederum nicht?

Das hängt ab von der Entwicklung des Bewusstseins, den Aufgaben und den Fähigkeiten, die dieser Mensch durch seine Geburt erhalten hat. Gleich zwei Medien haben unabhängig voneinander bei mir eine Seele festgestellt, die in ihrer Wahrnehmung aussah wie paniert. Diese Energie musste erst gereinigt werden, bevor ich überhaupt im spirituellen Bereich etwas bei mir selbst erwirken konnte. Der Zeitpunkt und die Zusammenführung mit solchen Menschen sind durch die geistige Welt organisiert. Es fällt uns genau dann zu, wenn wir es am dringendsten benötigen. Nach der Ablösung dieser mir anhaftenden Energien konnte ich auch meine Sinne deutlich stärker wahrnehmen. Ich wurde feinfühliger und konnte in der Folge Methoden ausführen, die ich heute für meine Klienten anbiete. Andere Menschen spüren in einer gleichen oder ähnlichen Situation nichts. Ihr Bewusstsein und Feingefühl ist noch nicht so weit entwickelt. Dies ist wertefrei, ohne diese Menschen anzuklagen oder zu verurteilen. Ich bin jedoch der Auffassung, dass bei stärkeren, konstanten Energien – zum Beispiel von Wasseradern – früher oder später jeder Mensch reagiert. Dies kann zu Schlafstörungen oder gar chronischen Krankheiten führen.

Was im System des Menschen – Körper, Geist, Seele – reagiert eigentlich?

Der Mensch reagiert mit seinem Körper. Er nimmt die Resonanzen der Störenergie wahr. Was danach passiert, geht über unseren Verstand hinaus.

Gibt es Radiästhesie auf allen Kontinenten? Auch bei den Urvölkern? Oder benennen sie es einfach anders?

Urvölker sind wesentlich feinfühliger als wir und nehmen deshalb Stör- und Reizzonen besser wahr. Sie kennen Schamaninnen und Schamanen oder Medizinfrauen und -männer. Bei Problemen aller Art werden diese Leute aufgesucht. Werden zum Beispiel neue Hütten für ein Dorf gebaut, so schauen sie genau, ob der zu bebauende Platz frei ist von belastenden Energien. Erst wenn alle Störzonen aufgelöst sind, beginnen sie mit dem Hausbau.

Radiästhesie und ihre Wirkung auf Tiere

Tiere reagieren stark unterschiedlich auf meine Behandlungen. Die einen erschrecken zunächst, weil sie nicht wissen, was vor sich geht. Sie spüren etwas, doch können sie es nicht einordnen. Manche weichen mir aus, andere suchen erst recht meine Nähe. Ich wurde mal zu einem 33-jährigen Pony gerufen, das nur noch auf der Weide stand. Es stand immer am gleichen Platz, bewegte sich kaum mehr. Mittels Quantenheilung habe ich bei diesem Tier den Rücken, die Beine und die Hufe wieder in Heilung gebracht. Kaum getan, war das Pony vom Platz weg und bewegte sich auf die Weide, wo es fraß. Das hatte es zuvor schon lange nicht mehr getan. Hundebesitzer sind immer wieder erstaunt, wie sich ihre Hunde mir gegenüber verhalten. Sie legen sich neben mich hin und sind absolut ruhig. Sogar Hunde, von denen die Besitzerinnen wissen, dass sie Angst vor Männern haben, kommen freiwillig zu mir. Einmal reagierte ein Hund auf meine Behandlung, indem er sofort aufhörte zu schnarchen. Das war für die Besitzerin außergewöhnlich. Auf Ablösungen reagieren Tiere weniger stark als Menschen, dies ist meine Erfahrung. Bauern sehen, dass sich etwas ins Positive verändert, wenn eine schwache Milchleistung wieder ansteigt, oder wenn die behandelte Kuh ein umgänglicheres Verhalten gegenüber anderen Kühen zeigt.

Tiere sind anders als der Mensch. Sie sind froh und dankbar, wenn Belastungen oder Schmerzen verschwinden. Als Energetiker und Therapeut behandle ich nur mit der Erlaubnis der Besitzer. Sie kommen meist erst auf mich zu, wenn ich zuvor sie selbst in Behandlung hatte. Dann erwähnen sie ihren Hund oder ihr Pferd und fragen mich, ob ich dieses Tier mal durchchecken könne. Viele Tiere leiden unter Besetzungen oder Ahnenbelastungen. Oft sind auch der Umgang mit dem

Tier, das Futter, die Art der Stallhaltung oder der Platz, wo das Tier sich hinlegt zum Schlafen, nicht optimal. Grundsätzlich gilt: Ein freundschaftlicher Umgang mit den Tieren durch die Besitzer wirkt sich stark aus auf das Wohlbefinden von beiden – also von Menschen und Tier. Ein Tier kann durchaus auch positiv auf meine Behandlung reagieren, wenn der Besitzer selbst nicht überzeugt von meinem Vorgehen ist. Es sind zwei unabhängige Lebewesen. Wenn das Tier nach der Behandlung positiv reagiert, tut es meistens auch der Besitzer, und ich brauche keine weitere Überzeugungsarbeit zu leisten. Ich hatte mal folgenden Fall: Trotz der Behandlung eines Pferdes reagierte es nur marginal. Als ich abfragte, ob seine Seele gehen möchte, kam ein «Ja». Somit ist das zu akzeptieren. Ich informiere dann die Besitzer entsprechend. Dies löst bei ihnen einen Prozess aus, um das Tier gehen zu lassen. Katzen- und Hundehalter haben angefangen, die verstorbenen Tiere in einer Urne zu Hause aufzubewahren. Urnen sollten jedoch nie im Haus aufbewahrt werden, denn sie sind stark negative Störfelder. Urnen gehören in den Garten oder an einen Platz in der Natur.

Sicherlich ist es wünschenswert und an der Zeit, dass auch Tierärzte energetische Behandlungen zulassen. Vor allem durch das Ablösen von Besetzungen und Ahnenbelastungen kann viel erreicht werden, um ihre Gesundheit und das grundsätzliche Wohlbefinden zu verbessern. Tiere tragen für den Menschen Krankheiten aus, auch dies ist in Betracht zu ziehen. Dies gilt vor allem für Haustiere. Das Ausleiten von schädlichen Bakterien, Viren, Pilzen und sonstigen belastenden Stoffen kann viel bewirken. Es müssen dafür keine operativen Eingriffe vorgenommen werden. Osteopathie wird teilweise bereits eingesetzt. Mit der Methode des Theta-Readings kommt man nochmals einen großen Schritt weiter. Die Reduktion von Kraftfutter beim Zufüttern in Ställen bewirkt bereits einiges, wendet man dazu noch die Methode der Phytotherapie (Kräuterheilkunde) an, können viele Tiere wieder ein gesundes Leben führen. Ein Beispiel: Das

Unternehmen Animalmed aus Oensingen SO – animalmed.ch – bietet eine breite Produktpalette für Tiere auf dem Bauernhof oder Heimtiere an und erreicht hervorragende Ergebnisse bei der Gesundung der Tiere.

Wie arbeitet ein Radiästhet

Als Radiästhet arbeite ich vorwiegend mit meinen Augen und meiner Wahrnehmung. Wenn ich in einer Landschaft stehe, schaue ich zuerst genau, wo sich was befindet. So stelle ich mir etwa folgende Fragen: Wo wachsen Brennnesseln? Wo befinden sich gezwieselte (geteilt wachsende) Bäume? Wo wächst Efeu? Auch beobachte ich genau, wo und wie sich das Geröll in der Umgebung verteilt hat. Wenn ich ein Haus betrete, schaue ich zunächst, wo die Tiere liegen. Meist haben mir die Menschen bereits von ihren Schmerzen und Krankheiten im Voraus erzählt. Nicht selten treffe ich auf entsprechende Reizzonen in den Häusern. Dort, wo sich Wasseradern befinden, bilden sich oft Risse am Gebäude in der Außenwand. In diesem Fall ist bereits ersichtlich, wo die Wasserader durchführt. Mein Pendel dient mir auch bei Hausbesichtigungen als ideales Anzeigeinstrument. Ich stelle fortlaufend Fragen und erhalte Antworten durch das Pendel mittels «Ja» oder «Nein» – abhängig davon, in welche Richtung das Pendel ausschlägt.

Die Natur öffnet unsere Augen

Jürgen Albicker, ein Radiästhet aus Deutschland, wollte für die Arbeit an den Chakren ein eigenes Pendel entwickeln. Ihn habe ich bei einer Ausmutung von einer keltischen Anlage am Schluchsee durch die Vermittlung meiner Kollegin Margareta Gaille-Würmli kennengelernt. Er hat mir seine Idee des Chakra-Pendels aufgezeichnet. Diesen Plan habe ich nach meinem Wissen und meinen Empfindungen weiterentwickelt. Ich habe aufgrund meines Pendels die entsprechenden Änderungen aufgezeichnet. Jürgen Albicker hat es nochmals verfeinert und so ging das Pendel 2021 in Produktion. Von dem ursprünglichen Ziel eines reinen Chakra-Pendels hatten wir uns entfernt. Aus unserem Vorhaben wurde ein Heil-Pendel der speziellen Art, denn wir haben es programmiert. Das Pendel funktioniert auch ohne Auftrag. Man kann es einfach drehen lassen, so wie es selbst entscheidet. Manchmal dauert es mehrere Minuten, bis es vollständig stillsteht. Das Heilpendel kann über mich bestellt werden.

Grundsätzlich gibt ein Radiästhet sein Pendel nicht aus der Hand, denn sein Od haftet daran. Unter Od versteht man die eigene Energie des Energetikers/Radiästheten. Sollte es dennoch passieren, dass eine andere Person das Pendel verwendet, so kann es unter fließendem Wasser gereinigt und danach angehaucht werden. Somit ist das Od wieder hergestellt.

Gruppenarbeit bringt vielfältigere Ergebnisse

In der Regel reicht es, ein einziges Pendel einzusetzen. Man kann mittels Programmierung des Pendels jede Funktion, die ein Spezialpendel haben sollte, erreichen. Doch muss in diesem Fall beim nächsten Auspendeln das Programmierte wieder gelöscht werden, ansonsten erhält man ein falsches Resultat. Aus Bequemlichkeit benutze ich meine drei Pendel wie den Normal-Pendel für den Alltag, den Hohl-Pendel fürs Aufspüren von Wasser und den Heil-Pendel für Klienten. Wenn ich ein Haus oder sonst ein Gebäude untersuche, habe ich alle drei Pendel mit – oft auch die Winkelrute. Auch elektronische Messgeräte sind in meinem Gepäck. Ich benötige sie, um Elektrosmog, WLAN, Störfelder und Antennen aufzuzeigen. Werde ich von Besitzern zu den Tieren gerufen, so höre ich mir grundsätzlich mal an, wo das Problem ihrer Ansicht nach liegt. Ich eruiere mittels Vorlagen und Pendeltabellen, wo das Problem sitzt, Besetzungen und Flüche sind leider auch bei Tieren keine Seltenheit. Auch Druck, der vom Besitzer auf die Tiere ausgeübt wird, löst – wie beim Menschen auch – Probleme aus. Viele vertreten nach wie vor die Haltung «Mach dir das Tier zum Untertanen!» Anstatt eines Miteinander ist es dann ein Gegeneinander. Wichtig ist mir zunächst, beobachten zu können, wie bewegt sich das Tier, wo legt es sich hin. Bei Tieren arbeite ich oft mit der Methode der Quantenheilung, zusätzlich mit dem Ablösegebet und Heil-Pendel. Nicht nur Menschen, auch Tiere leiden markant unter elektromagnetischen Abstrahlungen. Immer mehr Ställe werden mit elektronischer Technologie ausgestattet. Melkroboter sind heute in vielen Kuhställen im Einsatz. Oft sind diese Geräte nicht richtig geerdet. Kühe spüren auch Kriechstrom, welcher kaum messbar ist. Kriechstrom hat eine sehr schwache Ampere-Leistung, ist aber immer noch messbar, denn auch Kriechstrom erzeugt ein Magnetfeld. Ein Vergleich dazu: Hält man die Zunge an eine Batterie, ist dies spürbar. In den Häusern mute ich immer aus, welche Wände unter Kriechstrom stehen und wo die Quelle ist. In einem Stall mache ich dasselbe. Da Tiere empfindlich auf Strom reagieren, weichen sie aus, wo sie nur können. Gerade Kühe und Pferde reagieren sehr feinfühlig. Da auch heute in vielen Ställen noch alte Leitungen vorhanden sind, ist die Wahrscheinlichkeit groß, dass irgendwo eine Steckdose durchschlägt und die ganze Wand unter Kriechstrom steht. Je feuchter eine Wand, umso weiter reicht der Kriechstrom.

Bei Bauern ist langsam ein Umdenken festzustellen. Homöopathie und Kräutermedizin halten auch in Ställen immer mehr Einzug. Bauern und Tierbesitzer allgemein sind sich stärker bewusst, dass nicht in jedem Fall tiermedizinische Leistungen angefordert werden müssen. Der eine oder andere Bauer ruft auch mal einen Radiästhesie-Kollegen von mir an und schildert ihm sein Problem. In vielen Fällen kann auf energetischer Ebene geholfen werden. Doch was passiert, wenn dennoch tierärztlich verordnetes Antibiotikum eingesetzt werden muss? Was passiert energetisch mit diesem Tier? Ich stelle bei so einem Fall jeweils fest, dass sich die Chakren schließen. Die Energie des Tieres reduziert sich, das Tier bleibt geschwächt. Die Bakterien werden eliminiert, die Entzündung flacht ab. Es dauert nach der Eingabe von Antibiotika mindestens sieben Tage, bis das Tier seine gesunde Energie wieder aufgebaut hat. In dieser Zeit ist es anfällig für Besetzungen unterschiedlicher Art. Das Immunsystem ist geschwächt, somit ist es leicht möglich, von negativen Wesenheiten befallen zu werden.

Wenn ich an respektive für einen Menschen arbeite, dann betrachte ich diesen Menschen genau. Welche Auffälligkeiten zeigen sich? Da ich meistens vorgängig bereits gewisse Faktoren ausgependelt habe, bevor die Person zu mir kommt, habe ich auch schon einige Anhaltspunkte. Im Gespräch mit dem Klienten überprüfe ich bei fortlaufendem Pendeln die Angaben. Auch hier setze ich wieder Tabellen ein, meist ist es die Prozenttabelle. Ich stelle dem Pendel Fragen wie: «Ist das Thema noch vorhanden?» «Ist es bereits aufgelöst?» «Zu wie vielen Prozent ist es bereits aufgelöst?». Oft arbeite ich mit Gebeten zur Ablösung von Ahnenbelastungen und Wesenheiten jeglicher Art. Das «Theta Reading» ist die nächste Stufe, zudem der Einsatz der Technik von «EmoTrance». Dazu benötige ich manchmal die Prozenttabelle und das Pendel, um zu prüfen, wann und ob alles ausgeleitet ist. Ich checke auch immer ab, ob nicht doch noch etwas vergessen wurde. Wenn ich arbeite an einem Klienten, dann ist mir wichtig, dass ich alle vorhandenen Störungen beseitige. Deshalb komme ich in einer einzelnen Sitzung bereits sehr weit. Diese dauert dann jedoch meist länger als nur eine Stunde. Die Klienten schätzen es, wenn sie nicht ständig zu mir fahren müssen. Eine bis zwei, manchmal auch drei Sitzungen genügen, um den allermeisten Klienten ihre Beschwerden zu nehmen. War jemand mal bei mir vor Ort, ist es für mich später auch einfacher, Fernbehandlungen zu machen. Auch dieses Angebot wird rege genutzt. Die Klienten wissen, dass sie mich erreichen können, auch wenn sie dann nach einer Sitzung wieder zurückkehren in den Alltag. Für manche ist dies sehr hilfreich. Anderen genügt eine einzige Sitzung, ich empfehle deren drei. Dann bin ich sicher, dass wir das, was abgelöst werden darf, auch wirklich abgelöst ist.

Impulsgebung braucht Zeit

Der Heilplatz

Heilplatz in Seedorf Kanton Uri

Als Ergänzung benutze ich den von mir mental eingerichteten «Heilplatz göttliche Urquelle». Ich stelle das zu behandelnde Tier mental auf den Platz und lasse es einfach geschehen. Dann verbinde ich das Tier, dessen Name ich ausspreche, mit dem «Heilplatz göttliche Urquelle». Ich spreche dies dreimal laut aus.

Wenn ich einen Heilplatz neu einrichte, frage ich zunächst ab, ob ich das machen soll und darf. Ich versuche herauszufinden, ob es überhaupt notwendig ist und wenn ja, ob es der richtige Zeitpunkt ist. Danach bitte ich um Unterstützung und Einverständnis bei den Erd- und Naturwesen der Gegend. Danach reinige ich den Platz mental, das heißt, ich erteile der geistigen Welt den Auftrag, störende Energien zu entfernen und verstorbene Seelen zu transformieren. Zudem bitte ich den Heiligen Geist, in alle dämonischen Wesenheiten seine Kraft des Lichts zu schicken. Danach bitte ich darum und ordne an, was ich genau machen möchte. Ein Kraft- oder Heilplatz hat eine spezielle Aufgabe. Den Schutz und die Reinigung des Platzes übergebe ich als Dauerauftrag an die Geistige Welt. Ich bitte um Unterstützung und verankere das Ganze im Hier und Jetzt. Abschließend verbinde ich alles mit der Heiligen Dreifaltigkeit. Erst dann weiß ich, dass alles in guter Obhut ist, und der Platz ab diesem Zeitpunkt seine Aufgabe erfüllt. Es macht jedoch keinen Sinn, hunderte von Plätzen einzurichten. Schließlich kann ich zu jeder Zeit, von jedem Standort der Erde aus, mich mit diesem Heilplatz verbinden.

Lichtsäule

Es gibt noch eine weitere Möglichkeit, einen persönlichen Heilplatz zu nutzen, indem ich eine Lichtsäule rund um mich setze. Ich bitte die geistigen Helfer um eine Lichtsäule rund um mich herum. Ich bitte um die nötigen Heilfrequenzen und Farben, die zum allerhöchsten Wohle für mich sind. Sie sollen so lange bestehen, wie ich sie jetzt benötige. Danke. Was hier ganz wichtig ist, ist die zeitliche Beschränkung. Es bringt nichts, wenn überall Lichtsäulen stehen, die nur für dich gemacht wurden!

Der Energetiker und der Radiästhet
was sie unterscheidet

Ein Radiästhet teilt die aufgespürten Energiefelder in zwei Kategorien ein: für den Menschen, das Tier und die Pflanze bekömmlich oder unbekömmlich. Der Radiästhet sucht nach energetischen Kraftfeldern, die aufbauend wirken, oder aber nach Feldern, die dem Menschen, dem Tier oder der Pflanzenwelt schaden. Seine Aufgabe sieht er darin, an unstimmigen Orten wieder eine Harmonie und ein Gleichgewicht herzustellen, damit der Ort sich in seiner Kraft bestärkend auf Menschen, Tier und Pflanzenwelt auswirkt. Dabei setzt er entweder das Pendel als Hilfsmittel ein oder natürliche Materialien.

Ein Energetiker ist jemand, der Energien einsetzt, um den Menschen, das Tier oder die Pflanzenwelt wieder in Harmonie zu bringen. Er fühlt oder sieht feinstoffliche Felder. Es sind unterschiedliche mentale Techniken und Methoden, die er anwendet. Zugleich verbindet er sich mit Energien aus dem Universum. Der Übergang beider Ansätze ist fließend. Philippe Elsener aus Thal SG, einer meiner Mentoren, nennt sich in seiner beruflichen Tätigkeit «Naturenergetiker». Er versucht, das in der Natur Wahrgenommene auch für jene Menschen fassbar zu machen, die nicht den gleichen Zugang haben wie er. Ich arbeite in meiner Praxis mehr an Menschen und Tieren, deshalb bezeichne ich mich als Energetiker und Radiästhet.

Wir Menschen bewegen uns mit unserem Körper in einer tief schwingenden Frequenz. Die Geistige Welt befindet sich in einer sehr hohen Frequenz, die jedoch unsere tief schwingende Frequenz jederzeit durchdringt. Je weiter wir Menschen unser Bewusstsein öffnen, umso mehr erhalten wir Zugang zur Geistigen Welt. Da Frequenzen, Schwingungen, Wellen und Wirbel zusammengehören, kann das eine ohne das andere nicht betrachtet werden. Um ein einfaches Beispiel zu nennen:

Die Frequenz ist das, was ich beim Radio einstelle, um einen bestimmten Sender zu empfangen. Wechsle ich die Frequenz, so gelange ich zum nächsten Sender. Auf jeder Frequenz sind Informationen auf moduliert, die das Radiogerät in Musik oder Sprache übersetzt. Bin ich nicht auf dieser Frequenz, sehe und höre ich nichts davon. Auch jede Farbe hat wie jeder Radiosender ihre eigene Schwingung – also Frequenz. Darum können zum Beispiel blinde Menschen Farben wahrnehmen, dies auf ihre ganz eigene Art – nämlich durch ihr individuelles Fühlen. Dies alles ist nur dann möglich, wenn die Farbe ihre Frequenz aussendet, welche der Blinde als Schwingung wahrnehmen kann. Ein weiteres Beispiel aus der Natur: Die Sonne erweckt durch ihr Aufgehen am frühen Morgen Wirbel in der Natur, die Schwingungen erzeugen. Dieses Phänomen nehmen auch die Vögel wahr. Somit wissen sie schon sehr früh, dass nächstens die Sonne über dem Horizont erscheint. Auch wir Menschen werden immer feinfühliger. Unsere Frequenzen erhöhen sich zusammen mit der Frequenz des Planeten Erde. Viele unter uns verlieren deswegen ihre Erdung in der heutigen Zeit und mit dem Anstieg der Mobilfunkstrahlung. Gerade aufgrund der Veränderungen, die sich abspielen, ist eine gute Erdung wichtig.

Um Verstorbene wahrzunehmen, setze ich kein Messgerät ein. Mein Körper und mein Gespür sind in solchen Situationen meine Messgeräte. Manchmal weiß ich es einfach, dass da noch Seelen von Verstorbenen in einem Haus oder auf einem Gelände sind. Ich helfe ihnen dann, an den Ort des Lichts zurückzukehren und das Irdische vollkommen loszulassen. Mit dem Pendel erhalte ich die Bestätigung für das Wahrgenommene.

Die Radionik ist ein weiterer Teil der Radiästhesie. Sie übermittelt entweder mit dem Pendel oder speziellen radionischen Geräten Frequenzen zur Beeinflussung von unharmonischen Zuständen bei Menschen und Tieren. Beim Pendel handelt es sich meist um spezielle Heilpendel wie Isirispendel, Hatorpendel und andere Modelle. Die Spitze des Pendels wird auf ein Foto einer Person gerichtet mit einer bestimmten Absicht der Heilung.

Dieses Bild lasse ich dann während Tagen so ruhen. Mit einem Radionikgerät läuft es ähnlich ab. Es können exakte Frequenzen eingestellt werden, die Heilung und Harmonie bewirken. Diese senden auch auf eine Person gerichtet während 24 Stunden während ein bis zwei Wochen oder gar länger. Auch hier handelt es sich um ein Gerät, welches Informationen der Heilung, Harmonisierung oder Wiederherstellung des Ursprungszustandes auf die Frequenzen auf moduliert hat. Die Radiästhesie macht mittels Pendel das Gleiche. Ich erzeuge mental einen Auftrag oder eine Absicht und diese sende ich mittels Pendel in das Feld der Person, des Tieres oder in den Raum und zugleich ins kollektive Feld. Wie wir bereits wissen: Alles ist Energie und alles ist Information.

Radiologie ist eine Röntgentechnik, die nichts mit dem Feinstofflichen zu tun hat.

Die Naturenergie fließt langsamer
als die der neuen Medizin

Kräuter, Homöopathie, Bachblüten und andere Anwendungsmethoden wirken meist langsamer. Der Mensch ist bequem
geworden, zudem ist er durch die Wissenschaftsgläubigkeit auf
eine gewisse Art «hirngewaschen». Jedoch öffnet sich die westliche Wissenschaft immer mehr, auch hier sind Veränderungen
zu beobachten. Seit die Quantenenergie verstanden wird, ist die
Wissenschaft aufgefordert, sich immer mehr dem anzunähern,
was wir Radiästheten schon lange aufzeigen. Die moderne Medizin hat ihre Stärken in der Diagnostik und in der Chirurgie.
Jedoch geht dabei der Mensch und sein Umfeld fast völlig vergessen. Als Energetiker und Radiästhet schaue ich auch, wo und
wie der Mensch wohnt und schläft. Dabei beschäftigt mich die
Frage: Wird er von Naturkräften zu seinem Nachteil beeinflusst?
Sind Erdwesen oder Naturwesen für gewisse Ereignisse verantwortlich? Gibt es negative Energie, verstorbene Seelen, tierische,
dämonische und diabolische Wesenheiten, sichtbar, unsichtbar
oder gar versteckt? Ein westlicher Mediziner hat kein Gespür
für derlei Energien und Einflüsse. Woher auch? Er hat sich nie
damit befassen müssen während seiner langjährigen Ausbildung
an der Universität und später im Krankenhaus. Diese Phänomene, respektive Informationen aus der nicht-physischen Ebene,
werden von ihnen nach wie vor belächelt.

Wenn ein «austherapierter Kranker» wieder gesund wird,
ändert sich die Haltung einiger Ärzte. Auch ein Mediziner fragt
sich in solchen Momenten: Was hat der Patient unternommen?
Was lief ab? Bestenfalls wird die Genesung von den Ärzten dann
unter «Spontanheilung» abgehakt und ad acta gelegt. Wirklich
hinterfragen und untersuchen werden sie solche Phänomene wohl
kaum. Warum? Es passt nicht in ihr wissenschaftlich antrainier-
tes Weltbild. Viele Menschen leben heute in großen Städten, wo
die Natur kaum mehr Platz findet. Die Arbeit frisst sie auf, alles

geht heute schnell. Wir haben es bereits in die Sprache inkludiert: «Ich gehe schnell mal» oder «Ich mache noch schnell dieses oder jenes». Es bleibt keine Zeit zum Nachdenken, zum Erfühlen und sinnlich bewusst erlebbar machen. In der Freizeit wird herumgerannt und -gefahren, Fitnesscenter werden gestürmt, um noch besser auszusehen. Oftmals ist Sport mehr Flucht als Segen. Dabei ist es so wichtig, auch stillstehen zu können, zu schauen, zu fühlen und mit allen Sinnen wahrzunehmen. Die beständige Bedürfniserweckung in einer Konsumgesellschaft, die von Werbung und Wettbewerb angetrieben ist, lässt kaum Platz für eigene Erkenntnisse und Erlebnisse.

Die Technik hat uns sehr weit gebracht.
Weit weg vom Ursprung der Natur.

Veränderungen akzeptiert der Mensch nur langsam, außer er ist Umständen ausgesetzt, die ihn zur Veränderung zwingen. Dies kann ein Gesetz, ein Erlebnis oder aber Krankheit sein. Manchmal halte ich Skeptikern meine Hände entgegen, dann spüren sie etwas – zum Beispiel Energie in Form von Wärme. Ich fordere sie in der Folge auf, darüber nachzudenken, ob es nun Energien gibt oder nicht. Dabei ist es nie meine Absicht, die Menschen zu etwas bekehren zu wollen. Wir haben die Entscheidungsfreiheit. Dies gilt es zu respektieren. Jeder Mensch wacht auf in sein wahres Bewusstsein oder in seine Spiritualität, wenn es für ihn bestimmt ist.

Wie ich Energetiker und Radiästhet wurde

Eine Energetikerin oder ein Energetiker ist jemand, der einem anderen Menschen oder Tier Energie zuführt. Diese Energien lösen Heilimpulse aus. Der Energetiker spürt feinstoffliche Zustände und mutet diese mit dem Pendel aus – Ausmuten ist aufspüren. Energien werden mit Hilfe des Pendels lokalisiert und verändert.

Als Energetiker arbeite ich immer mit der Natur. Ich kann Energien zuführen, entfernen oder harmonisieren. Das Spüren oder Ausmuten beschränkt sich bei mir nicht auf den Menschen, sondern beinhaltet alle Ebenen der Schöpfung. Ich habe großen Respekt vor der Schöpfung als Ganzes und ehre Mutter Erde. Das heißt, ich fühle mich Menschen, Tieren und der Pflanzenwelt eng verbunden.

Mein erster Pendelkurs hat mir einen völlig neuen Horizont eröffnet. Ich versuchte die Zusammenhänge zu ergründen, indem ich immer wieder Fragen stellte. Diese ließ ich mir durch das Pendel beantworten. Natürlich habe ich keine banalen Fragen gestellt, deren Antworten ich eh schon kannte. So stellte ich eben genau nicht die Frage: «Soll ich einkaufen gehen?» Ich formulierte die für mich bedeutendere Frage: «Wo soll ich einkaufen gehen?» und «Welches ist das richtige Produkt für mich?» Ich versuchte, mehr Sicherheit beim Pendeln zu erlangen. Je mehr ich pendelte, umso klarer wurden die Resultate. In der Folge vertraute ich den Ausmutungen immer stärker. Die fortlaufenden Weiterbildungen und Praxisübungen innerhalb der Radiästhetischen Vereinigung Ägerital (RVÄ) zeigten mir, wie stark ich meinen Fähigkeiten und dem Erlernten vertrauen konnte. Ich lernte von unterschiedlichen Menschen, sie alle waren erfahrene Pendler aus der Region. Auch unter den Pendlerinnen und Pendlern gab es einen Wandel in den vergangenen Jahren. Früher hatte jeder seine eigenen Tabellen, um etwas bemessen und einschätzen zu können. Diese Dokumente wurden niemandem weitergegeben, so blieb jeder ein Einzelkämpfer. Heute werden Erkenntnisse und Unterlagen geteilt, das Wissen wird weitergegeben. Dies entspricht dem Zeitgeist und weist auf eine erfreuliche Entwicklung hin.

Ich habe die Ansätze der Radiästhesie überprüft und festgestellt, dass es stimmig war, was die Fachleute erzählten und aufzeigten. Es stimmte für mich auch von meinem rationalen Verständnis her. Die meisten angehenden Pendler haben zu Beginn ihrer Erfahrungen mit der Radiästhesie ein Problem. Das Anwenden der Methoden muss kopflos geschehen. Nur so können gute Resultate erzielt werden. Sobald der Kopf dabei ist, Erwartungshaltungen durchdrücken oder Zweifel erscheinen, funktioniert es nicht mehr. Ich erhalte auf diese Weise falsche Resultate. Darum empfehle ich meinen Kursteilnehmenden, so oft wie möglich mit Tabellen zu arbeiten. So ist der Pendelnde nicht mit dem Kopf involviert und kann einfach geschehen lassen. Durch das Pendeln habe ich meine feinstoffliche Wahrnehmung trainiert. Der Besuch diverser Seminare, darunter auch das Seminar «Die Zwei-Punkte-Methode in der Quantenheilung» oder das Erlernen von «EmoTrance», eröffneten mir neue Einsichten, die für den Klienten eine wunderbare Befreiung auf verschiedenen Ebenen erlebbar machten. Es konnte Heilung erfolgen. Das Pendel ist ein reines Anzeigeinstrument, es hat nichts mit Magie zu tun und ist auch keine Antenne. Der Pendelausschlag entsteht durch subtile Muskelbewegungen aus mir heraus und kommt aus meinem Unterbewusstsein, von meinem Geistführer oder meinem Höheren Selbst. Ich bin als Pendler fasziniert von der Wirkung, die sich auch ohne den Einsatz von Geräten einstellt – und dies bei allen Wesen.

Viele Menschen kommen zu mir mit physischen oder psychischen Problemen. Sie leiden unter Ängsten, Panikattacken und unterschiedlichen Arten von Schmerzen. Sie suchen mich auf mit Erlebnissen, die sie nicht verarbeiten können. Dazu gehören etwa Missbrauch auf unterschiedliche Weise, Probleme am Arbeitsplatz, Burnout, Trauer, Stresssituationen, belastende Beziehungen, Kinderwunsch und vieles mehr. Auch wenn Tierhalter, ob nun Hobby-Tierhalter oder Bauer, Probleme mit ihren Tieren im Stall haben, rufen sie mich an. Oft mache ich energetische Reinigungen von Häusern und Ställen vor Ort. Konkret heißt dies, ich reinige den Platz und das gesamte Grundstück von alten belastenden Energien und spüre zugleich die Wasseradern und Verwerfungen auf. Verlaufen Wasseradern unvorteilhaft für die Bewohner, so neutralisiere ich sie, das heißt, den Multipolartransmitter in Position gebracht, geht die ganze Schöpfung nicht mehr in Resonanz. Die negativen Belastungen fallen weg.

Heute ist es erfreulicherweise so, dass immer mehr Menschen offen sind gegenüber feinstofflichen Wahrnehmungen und der Spiritualität grundsätzlich. Diese Menschen haben erkannt, dass es da noch mehr gibt – etwas, das bislang im Verborgenen lag – und begeben sich auf die Suche danach. Die Wissenschaft hat mit den Quanten, deren Verschränkungen und den morphogenetischen Feldern des englischen Biologen und Autors Rupert Sheldrake (geboren 28.06.1942) die unbekannten Phänomene erklärbar gemacht. Das Wissen über die Existenz des Feinstofflichen hat sich verbreitet und ist heute teilweise anerkannt. Jedoch noch lange nicht so, wie es sein sollte. Noch sind die Gefühle, das Spüren, die Intuition und die Kraft des Denkens als ein Weg zur Manifestation des Menschen als Schöpferwesen nicht vollumfänglich durch die Wissenschaft anerkannt.

Ab welchem Zeitpunkt kommen Klienten zu mir?

Das ist sehr unterschiedlich. Die einen humpeln durch die Gegend, bis es wirklich nicht mehr geht. Sie lassen Operationen über sich ergehen und das Problem ist immer noch nicht behoben. Andere wiederum bereuen den chirurgischen Eingriff nicht, jedoch heilt der Schmerz nicht vollständig aus. Irgendwann erfahren diese Menschen von mir und meiner Arbeit, greifen zum Telefon und machen einen Termin aus. Eine Besetzung, eine Wesenheit im Feinstofflichen hat die Beschwerden verursacht, und kaum ist diese Energie weg, fängt die Heilung an zu greifen. Viele meiner Klienten finden auch zu mir, weil sie unter Stress leiden und nicht schlafen oder durchschlafen können. Dies ändert sich meist, wenn Ahnen abgelöst und der Schlafplatz saniert wurde.

Der Verband für Radiästhesie und Geobiologie Schweiz (VRGS) hat eine eigene Fachzeitschrift mit dem Titel «Radiästhesie Radionik». Er hat auch eine eigene Website unter www.vrgs.ch aufgeschaltet mit einem Online-Shop. Die Mitglieder der Vereine können sich beim Verband weiterbilden. Der VRSG hat bietet einen Diplomlehrgang an.

Ich persönlich biete zusätzlich den Kurs «Energetisch-medizinisches Pendeln» an. Diesen Kurs habe ich aufgrund meiner Erfahrungen und meines Wissens selbst entwickelt. Er stößt auf großes Interesse. Weitere Kurse sind «Wesenheiten ablösen» und «Hausentstörungen».

Ganzheitlichkeit aus Sicht des Radiästheten und Energetikers

Das Wort «Ganzheitlichkeit» beinhaltet alles. Ganzheit bedeutet für mich: im Einklang mit der Schöpfung stehen. Alle Bereiche, denen wir ausgesetzt sind, müssen miteinbezogen werden, das heißt – das körperliche, seelische und geistige Befinden. Auch die persönliche Wohnsituation und die der Familie gehören dazu. Welche Einflüsse übt die Arbeitssituation auf den Menschen aus? Wie verhält sich die Technik zum Menschen und umgekehrt? Und nicht zu unterschätzen ist die Frage: Wie verhält sich der Mensch gegenüber sich selbst? Wenn Menschen zu mir kommen und mitteilen, dass sie sich selbst wieder spüren, weiß ich, dass ich mit der Behandlung auf dem richtigen Weg bin. Wenn sie mir sagen: «Ich habe jetzt wieder einen klaren Kopf», dann ist dies eine Bestätigung für mich und meine Arbeit. Wenn es meinen Klienten nach der Behandlung körperlich und mental besser geht und sie mir das mitteilen, sind auch sie auf einem guten Weg. Wichtig ist immer, dass der Mensch bereit ist, Veränderungen vorzunehmen und sein Verhalten langfristig zu ändern. Es stellt sich jedoch immer die Frage, wie lange es anhält.

Ich versuche, die Menschen zu sensibilisieren. Ich zeige auf, dass sie auf feinstoffliche Wahrnehmungen achten sollen. Ich erkläre ihnen, wie sie das tun können. Es ist wichtig, dies später in den Alltag zu integrieren. Wenn es nötig ist, schlage ich eine Hausuntersuchung vor, um den besten Ort zum Schlafen herauszufinden. Auch wenn ich kein Paartherapeut bin, so hat doch die eine oder andere Behandlung Prozesse in einer Beziehung ausgelöst und das Miteinander wurde harmonischer. Anderseits konnte auch der Entschluss der Trennung gefällt werden. Manchmal ist es nötig, sich vom Leidensdruck zu verabschieden. Vor allem dann, wenn zwei Partner sich unterschiedlich entwickeln. Wachstum richtet sich immer nach dem Licht. Dies ist ein Grundsatz in allen Lebensbereichen. Alles ist mit allem verbunden. Energien könne überlappen, im Mangel oder im Zuviel sein. Dadurch entsteht das Gefühl, nicht ganz zu sein. Alle Energien sind immer auf die eine oder andere Weise im Fluss. Radiästheten und Energetiker versuchen, diese Energien zu lenken und zu führen. Ist eine Energie nicht in Harmonie mit uns, so fehlt uns etwas. Die Energie ist da, jedoch nicht in dem Ausmaß, wie sie es sein sollte.

Ganzheitlichkeit auf das Seelische bezogen – ist nicht einfach zu definieren. Eine Seele ist als Energieform immer ganz. Die sogenannten «seelischen Tiefs und Hochs» haben nichts mit der Seele zu tun. Dies ist ein Sinnbild für die Psyche. Die Seele ist die Trägerin des Bewusstseins im aktuellen Zustand. Sie ist immer ganz. Auch der Geist kann nicht anders – er ist immer ganz. Die westliche Medizin, zumindest bis dato, sieht den Menschen nur in seinen Einzelteilen bis hin zu den Quanten. Kein Wissenschaftler konnte bis anhin eine Seele finden. Trotzdem wissen wir alle, dass da etwas ist. Was hält den Menschen am Leben? Ist es die physische Nahrung, das Geistige oder ist alles nur Licht? Oder gibt es noch etwas anderes? Auch Gefühle können von der Wissenschaft nicht gefunden und vermessen werden – nur deren Auswirkungen auf den Körper. Die Symptombekämpfung mit pharmazeutischen Produkten hat viel Leid gebracht und für wenige auch das schnelle Geld. Untersuchungsmethoden mit Hightech-Geräten können Wichtiges aufzeigen. Doch warum der Mensch einen Unfall oder eine Krankheit erleidet, das interessiert in der westlichen Medizin niemanden. Diesbezüglich hat die Medizin, so wie wir sie bis heute kennen, ein großes Wachstumspotential.

Wir können wieder besser wahrnehmen, wenn wir uns dem Geschehen in der Umgebung, worin wir uns als Menschen, Tiere oder Pflanzen aufhalten, vollkommen widmen. Wir werden zu Beobachtenden: Was wird gesprochen? Wer spricht mit wem? In welchem Tonfall? Doch beobachten mit den Augen allein genügt nicht. Wir müssen auch fühlen, hin-fühlen. Nicht alle können am Ende gleich oder Gleiches wahrnehmen. Dies gilt es zu respektieren.

Es gibt Menschen, die haben eine stärkere Wahrnehmungs-fähigkeit als andere. Auch Hellfühlen und Hellwissen sind nicht zu gleichen Anteilen in uns Menschen vorhanden. Einige dieser Fähigkeiten sind angeboren. Je nach Lebensaufgabe wird uns das «Werkzeug» mitgegeben. Je mehr wir diese Fähigkeit anwenden, umso stärker bilden sie sie sich aus. Das ist wie bei einem Muskel. Je mehr dieser trainiert wird, umso stärker wird er in seiner Form und Leistung. Die höhere Wahrnehmung kann erlernt und antrainiert werden. Tiere nehmen immer ganzheitlich wahr. Sie haben einen umfassenden Zugang zum Feinstoff-lichen. Sie spüren unsere Schwingung und erkennen, wie wir gestimmt sind. Sie spüren, ob wir wütend, traurig, verstimmt oder glücklich sind.

Bei den Kindern, die vor dem Jahr 2000 auf die Welt kamen, gab es nur wenige, die ihre mitgebrachten Fähigkeiten bis ins Erwachsenenalter beibehielten. Kinder kommen ganzheitlich zur Welt. Der Geistführer des Kindes führt und leitet es, bis das Ich-Bewusstsein erwacht. Das ist meist im Alter von drei Jahren der Fall. Danach spielen das Umfeld und die Lebensaufgabe eine zentrale Rolle. Viele verlieren ihre Fähigkeiten, um sie in einem späteren Zeitpunkt wieder zu entdecken und auszubauen. Andere verlieren sie endgültig. Viele Kinder können Feen, Zwerge und Gnome sehen, da der Schleier des Vergessens noch etwas offen ist und sich erst später schließt. Die Welt der Märchen ist im Feinstofflichen real. Unser Verstand weigert sich, das an-zuerkennen, weil er nichts sieht. Die kindliche Wahrnehmung ist längst in den Hintergrund getreten. Bis zu welchem Alter magst du dich zurückerinnern? Welches früheste Ereignis ist dir in bewusster Erinnerung geblieben? Was war davor? In der Zeit davor war der Schleier des Vergessens noch voll geöffnet.

Gefühle zu haben ist störend. Im Businessalltag haben sie keinen Platz. Ein Bauchgefühl zu haben, ist verpönt. Entscheidend sind rationales Denken, Analysieren, Auswerten, Zahlen anwenden. Der Mensch arbeitet mit Nullen und Einsen. Alles muss schnell gehen. Da nicht alle Menschen seherische Gaben haben, haben jene, welche nicht sehen konnten, diese Fähigkeit als Humbug und Scharlatanerie abgetan. Das ist auch heute noch so. Was ich anfassen kann, existiert, der Rest ist Imagination und gilt als nicht-existent. Dass es so weit kam, hat auch mit der Religion zu tun. Zu Hexenverbrennungen kam es, weil diese Menschen mehr konnten und wussten als andere. Zusätzlich kam die Angst dazu, die gesät wurde. Jenen, die heilen, sehen und spüren konnten, wurde gedroht, dass sie nicht in den Himmel kommen könnten. Unwissenheit und mangelndes Bewusstsein wurde ausgenutzt, Macht missbraucht. Der Verstand galt als Maß aller Dinge. Die Wissenschaften, darunter auch die Medizin, setzten diesem Weltbild noch eins drauf. Heute leben wir in der Zeit des erweiterten Bewusstseins und des Aufwachens. Auch die Wissenschaften, allen voran die Medizin, werden davon direkt betroffen sein.

Der Weg ist zu sehen, gehen Sie ihn.

Hausuntersuchungen und Reinigungen

Hans-Peter, wie gehst du vor, wenn du ein Haus oder eine Wohnung untersuchst, welche du für deine Auftraggeber energetisch reinigen sollst?
Zunächst öffne ich das Internet und studiere via Google Maps oder unter https.//map.geo.admin.ch/ die Umgebung. Danach drucke ich jenes Gebiet, das in Frage kommt, auf einem Blatt aus. Jetzt erst kann ich alles mit meinem Pendel abfragen.

Ich suche das ab, was mir die Karte offenbart. Ich frage nach Portalen – das sind Tore

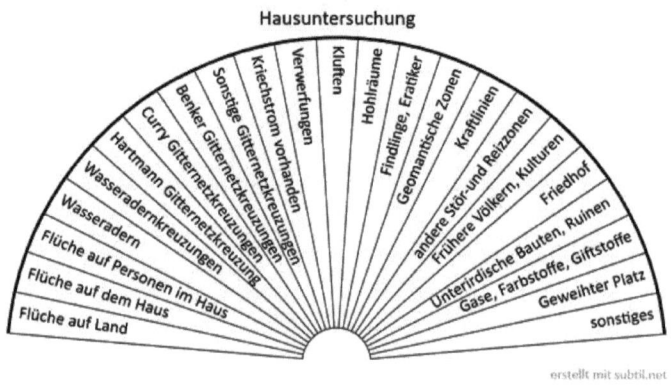

Hausuntersuchung

erstellt mit subtil.net

für negative Wesenheiten – und anderen Verbindungen. Ich frage, ob Flüche, Neid oder Missgunst und Eppstein-Barr-Virus die Häuser oder Grundstücke belasten. Zudem versuche ich herauszufinden, wo Wasserläufe, Verwerfungen und geopathische Zonen – krankmachende Plätze und Gebiete – durchführen. Auch nach Kraftlinien, Hohlräumen, Friedhöfen, Bauten von Vorfahren und früheren Schlachtfeldern frage ich. Habe ich diesen Teil meiner Untersuchungen abgeschlossen, nehme ich den Grundrissplan zur Hand und pendle aus, wo und in welchem Ausmaß sich die Störzonen in der Wohnung befinden. Danach suche ich die Gitternetz-Kreuzungspunkte, mit denen die Bewohner in Resonanz gehen. Dazu benötige ich die Namen und Geburtsdaten aller Bewohner. Danach zeichne ich die verstorbenen Seelen, die negativen Wesenheiten und – falls vorhanden – auch die dämonischen Wesenheiten ein. Die negativen Emotionen in den Betten lösche ich. Zudem frage ich ab, ob sich irgendwo auf dem Grundrissplan Kriechstrom befindet und falls ja, wo genau. Ich registriere die Boviswerte der einzelnen Zimmer zusätzlich zum durchschnittlichen Boviswert der Wohnung oder des Hauses. In einem weiteren Schritt drucke ich die Karte der Antennenmasten in der Umgebung aus und bemesse die Distanzen vom zu untersuchenden Objekt bis zu den Masten.

Wie bekommst du Zugang zu der Karte mit den Antennenmasten in der Schweiz?
Jeder findet sie im Internet unter:
    www.bakom.admin.ch/bakom/de/home/frequenzen-antennen/standorte-von-sendeanlagen
    Die Adresse kann eingegeben werden und schon sind die Antennen der Mobilfunkanlagen, die Art und Stärke der Sendeleistung beim Draufklicken ersichtlich.

Wie betrittst du einen Platz, ein Haus oder eine Wohnung?
Zuerst schaue ich mir das Haus von außen an, ob sich dort, wo ich die Wasseradern und Verwerfungen zuvor ausgemutet habe, bereits Risse im Mauerwerk zeigen. Ich gehe den Fragen nach: Wie ist der Pflanzenwuchs? Gibt es abgestorbene oder schlecht gedeihende Heckenabschnitte, Brennnesseln oder Efeubewuchs? Dann entferne ich im ganzen Haus (oder Wohnung) die negativen Wesenheiten, die verstorbenen Seelen und dämonischen Wesenheiten, sofern ich sie gemutet habe. Erst danach betrete ich das zu untersuchende Objekt. Im Innern des Hauses oder der Wohnung achte ich auf Elektrogeräte und Geräte, welche

mit Bluetooth verbunden sind. Ich registriere fortlaufend, wo welche Objekte in den Räumen stehen. Da ich ja bereits weiß, wo ungefähr die Wasseradern verlaufen, sehe ich, ob die Bewohner genau auf ihnen sitzen oder gar in ihren Betten liegen. Danach mute ich den Raum exakt aus, um herauszufinden, an welcher Stelle die Wasserader oder Verwerfung durchläuft.

Gehst du immer systematisch vor bei einer umfassenden Untersuchung?
Ja, anders ginge es nicht.

Was war das Schlimmste, das du je angetroffen hast?
Ich erinnere mich an einen Fall in meinem Wohnort Menzingen ZG. Hier hatte eine Familie im gesamten Haus Verstärker-Boxen aufgehängt, die mit Bluetooth verbunden waren. Sogar im Treppenhaus, das in den oberen Wohnstock führte, hingen welche. Ich stellte eine unglaublich hohe Belastung durch Elektrosmog fest, wenn sie die Musik aus ihren Boxen hörten. Bluetooth ist eine Technologie zur drahtlosen Datenübertragung mit Sendeleistungen von bis zu 100 Milliwatt im Bereich von 2.4 GHz. In diesem sogenannten ISM-Bereich arbeiten auch die Mikrowellen in der Küche. Ich konnte der Familie alle Belastungen neutralisieren. Einen anderen, spektakulären Fall traf ich bei einer Familie in Oberarth SZ an. Ihr Zuhause lag in unmittelbarer Nähe eines Funkmasts, der auf das Kinderzimmer einen starken Einfluss hatte. Auch hier konnte ich die Funkstrahlen abschirmen, so dass es die Familie weder tagsüber noch nachts belastete. In Brunnen SZ mutete ich einen Findling, also einen großen Stein, im Boden, der von Wasser umspült wurde. Exakt über diesem Findling im umspülten Wasser schliefen die Kinder – respektive hätten sie schlafen sollen. Natürlich konnten sie es nicht, und die Eltern waren sehr besorgt und erschöpft. Ich schirmte den Findling ab und konnte den Eltern genau erklären, wie sie die Betten der Kinder in Zukunft neu platzieren sollen. Für einen ungewöhnlichen, jedoch nicht seltenen Fall wurde ich nach Hedingen ZH gerufen. Die gesamte Wohnung

war besetzt mit verstorbenen Seelen, denn das Haus war auf einen alten Friedhof gebaut. Im Umkreis von 300 Metern habe ich 21 Portale (Türen im feinstofflichen) mit negativer Energie ausgemutet. Auch hier konnte ich Abhilfe schaffen, die Seelen aus ihrer Erdgebundenheit erlösen und somit die Energie des gesamten Grundstücks klären.

Welches sind die häufigsten Auffälligkeiten bei ungereinigten Plätzen?

Es ist immer wieder spannend zu sehen, dass gerade Menschen, die belastet sind, sich oft auf Plätze setzen oder legen, welche entweder einer Wasserader oder einer sonstigen Reizzone ausgesetzt sind. Viele Menschen spüren die Gegenwart von fremden Energien, von Verstorbenen oder sonstigen Geistwesen. Es wird mir immer wieder bestätigt, dass sich die Erscheinungen oder das Wahrnehmen von Fremdenergien nach der Ablösung einstellen.

Wie beeinflussen diese Energien das Leben der Menschen, die dort wohnen oder arbeiten?

Die Betroffenen klagen oft über Beschwerden im Rücken oder in den Beinen. Sie sind müde und schlapp, träumen Belastendes, oder sie können gar nicht mehr schlafen. Zudem sind Angstzustände verbreitet, denn die Menschen können nicht nachvollziehen, was sie spüren und warum. Sie können nicht verstehen, was im Bereich des Feinstofflichen und also für das Auge Unsichtbaren abgeht. Kinder schreien oft, weil sie Wesenheiten wahrnehmen. Sie schauen dann in eine Ecke, genau dahin, wo sich die Wesenheit oder Dämon sich befindet oder sind sehr unruhig. Bei Wasseradern oder andern Reizzonen weichen kleine Kinder meist schon von sich aus intuitiv aus. Ein Klient im fortgeschrittenen Alter hat mir erzählt, er wisse ganz genau, wo die Wasserader bei seinem Esstisch durchgehe. Er setze jeweils den Besuch auf diesen Stuhl. So sei er in jedem Fall sicher, dass der Besuch nicht lange bleibe. Das war ironisch gemeint, doch hatte der ältere Herr recht. Tatsächlich mutete ich bei seinem «Besucherstuhl» den Verlauf der Wasserader aus.

Es gibt viele Putzinstitute. Warum keine für energetische Reinigungen?

Räuchern ist eine gängige Methode, die Wohnung oder das Haus energetisch zu reinigen. Meiner Meinung nach allein genügt das jedoch nicht. Kaum hat sich der Rauch verzogen, sind die Belastungen wieder vorhanden und breiten sich aus. Es ist nicht möglich, nur mit Räuchern eine verstorbene Seele zu schicken, geschweige denn einen Fluch aufzulösen. Es empfiehlt sich deshalb eine umfassende, energetische Reinigung, die alles und auch alle Frequenzebenen erfasst. Sie geht nicht nur schneller, es bleiben danach auch keine Gerüche übrig. Ich arbeite weder mit Weihrauch, Salbei noch sonstigen Räucherwaren. Das benötige ich nicht.

Kannst du restlos alle Belastungen beseitigen? Oder können diese zurückkehren?

Belastungen wie etwa Schmerzen oder Unwohlsein, Schlafstörungen oder Ängste können immer zurückkommen, doch nur dann, wenn sich der Mensch nicht bewusster verhält als zuvor.

Normalerweise sind die verstorbenen Seelen wieder im Licht und alle belastenden Wesenheiten sind entfernt, wenn ich eine energetische Reinigung mache. Bei den dämonischen Wesenheiten kann es sein, dass eine Ablösung allein nicht reicht. Dann setze ich auch mal die Hilfe von Erzengel Michael ein, indem ich ihn auffordere, diese dämonischen Wesenheiten zu entfernen. Oder ich schicke mittels meiner Gebete den Heiligen Geist an diesen Ort.

Was rätst du jemandem, der sich in seinem Zuhause aus unerklärlichen Gründen nicht wohl fühlt? Oder jemandem, der nicht gut oder gar nicht schläft?

Diesen Menschen rate ich erstmal, mir den Grundrissplan zu senden. Dann kann ich eine Ausmutung machen. Ist dort nichts Auffälliges, so schaue ich bei dieser Person im energetischen Feld nach.

Wasseradern und Verwerfungen – wie arg belasten sie die Bewohner, also Menschen und Tiere, die darauf hausen?

Es gibt Menschen, die können 20 Jahre auf einer Wasserader schlafen und spüren nichts. Im 21. Jahr geht es ihnen dann aber schlecht und sie haben dort, wo die Wasserader durchläuft, körperliche Schmerzen oder aber auch psychische Probleme. Dasselbe gilt für alle «Strahlenflüchter» wie zum Beispiel Hunde, Pferde, Kühe etc. Katzen als «Strahlensucher» setzen sich gerne auf solche Plätze. Wasseradern oder sonstige Reizzonen sollten gemieden werden, sofern dies möglich ist. Sollte es nicht möglich sein, dann muss die Strahlung abgeschirmt oder so gemacht werden, dass kein Lebewesen damit in Resonanz mehr geht. Bleibt zum Beispiel ein Platz im Stall immer leer, so ist das auch ein Verlust für den Bauern. In Laufställen sieht es anders aus, dort legt sich jede Kuh an der Stelle hin, wo es ihr wohl ist. Bei den Stallboxen von Pferden sehe ich ein weiteres Problem. Es gibt kaum Platz zum Ausweichen, weil das Tier die Hälfte der Box ausfüllt, wenn es sich hinlegt. In Ställen ist das Problem von Kriechströmen stark vorhanden. Bei einer Bäuerin, die mich zu sich in ihren Stall rief, wurde zuvor eine Solaranlage aufs Dach montiert. Die Erdung funktionierte nicht richtig. Somit konnte beim Fresstrog Kriechstrom über das Metallgitter für die Fixierung der Kühe gelangen. Es gab dadurch massive Probleme mit den Kühen. Konkret hieß dies, es floss den Kühen regelmäßig Strom durch den Hals, wenn sie sich an den Futtertrog machten. Man stelle sich vor, wie es uns dabei gehen würde! Die Anlage wurde danach von einem Fachmann richtig geerdet und das Thema hatte sich erledigt. Die Kühe erholten sich und die Klientin war dankbar, dass ich das Problem so schnell erkannt hatte. Denn in diesem Stall waren gleich alle Tiere betroffen.

Reagieren Tiere sensibler auf Belastungen als Menschen? Und Kinder stärker als Erwachsene?

Tiere sind allgemein sehr empfindlich. Liegt oder steht eine Kuh über längere Zeit direkt auf dem Verlauf einer Wasserader, so kann dies bei ihr diverse gesundheitliche Probleme verursachen. Dies können Erkrankungen an den Beinen, den Hufen, Darmstörungen oder Einbrüche in der Milchleistung sein. Es kann auch zu unzulässig hohen Zellzahlen (Bewertungskriterium für die Rohmilchqualität) und sonstigen gesundheitlichen Auswirkungen führen. Auch Verwerfungen (Fehlgeburten mit dem Ausstoßen von Föten) oder die Nicht-Aufnahme der Besamung zur Befruchtung der Eizelle trotz mehrfacher Versuche können als Folge registriert werden. Man muss wissen: Tiere leiden genauso wie Menschen, doch leiden sie meist stumm. Umso wichtiger ist es als Tierhalter oder Bäuerin/Bauer, für jedes einzelne Tier mitzudenken im Sinne von erhöht wachsam sein und die Gefahren von Elektrosmog, Wasseradern, Verwerfungen, Kriechstrom, der Abstrahlung von Antennen und andere energetische Belastungen zu berücksichtigen. Wird dies nicht schon beim Bau eines Hauses oder Stalls gemacht, kann es auch danach durch einen fähigen Energetiker/Radiästheten korrigiert werden. Ich war noch nie bei einem Bauern oder Tierhalter und habe keine Lösung zur Abschirmung von Fremdenergien gefunden. Auch Kinder können mit massiven Problemen konfrontiert werden. Das Schreibaby oder Schreikind sei hier erwähnt. Es können aber auch massive gesundheitliche Störungen erscheinen. Sogenannte Ritalin Kinder oder Zappelphilippe haben oft Besetzungen oder schlafen in ihren Kinderzimmern auf einer energetischen Reizzone. Jedoch sind nicht nur Kinder und Jugendliche sensibel, es können auch Erwachsene eine ausgeprägte Form der Sensibilität in sich tragen. Es lohnt sich auf jeden Fall – dies für eine bessere Gesundheit von Tier und Mensch und für ein harmonisches Miteinander innerhalb einer Familie oder Wohngemeinschaft. Energetische Medizin: Impulssetzung zur Selbstheilung

Energetische Behandlungen

Anhaftungen

Anhaftungen können verstorbene Seele, negative Energien oder Wesenheiten sein, die einem Menschen irgendwo in seinem gesamten energetischen Bereich anhaften können. Darunter fallen tierische, dämonische und diabolische Wesenheiten. Diese wiederum sind in sichtbare und versteckte sogenannte unsichtbare Wesenheiten zu unterteilen. Diese ungebetenen Energien verursachen ganz viele Probleme. Sie saugen uns Energien ab und beeinflussen uns zu unserem Nachteil. Sofern man sich dessen bewusst ist, dass solche Energien an einem haften, wird man sie schnell wieder los mittels eines Auftrages an die Geistige Welt. Auch in einer Sitzung mit mir kann dies festgestellt und umgehend abgelöst werden.

Wesenheiten

Samuel Sagan (1957–2016), Arzt und Gründer der Clair Vision School, bringt es mit diesen Worten auf den Punkt: «Der Begriff Wesenheit bezieht sich auf nicht-physische Wesen, auf Präsenzen, die sich an Menschen anheften und als Parasiten agieren. Dabei verursachen sie vielfältige Probleme emotionaler, mentaler und physischer Natur. Diese können Störungen im Essverhalten, unkontrollierbare Emotionen bis hin zu schweren Erkrankungen sein.»

Verstorbene Seelen

Verstorbene Seelen haben meist mit den Themen zu tun, die jemanden beschäftigen. Diese Themen können etwa Neid, Missgunst, Drogen jeglicher Art, Sexsucht, fluchen, ständige Wut und vieles mehr sein. Verstorbene möchten in der Regel, dass ich als Energetiker das Thema für sie auflöse. Es kann auch vorkommen, dass sie den Kick des Rausches suchen – seien es zum Beispiel Drogen oder Alkohol. Dies sind Aspekte der Seele des Verstorbenen, die dann bei den Menschen – meist bei den Verwandten – andocken, denn sie kennen diese Energien. Also nicht jeder Verstorbene ist ein Schutzengel, wie viele glauben, sondern das Gegenteil. Sie machen sich so bemerkbar, um ev. auch abgelöst zu werden. Weil sie den Zug nach oben ins Licht verpasst haben.

Karma

Karma im Beispiel erklärt
Wenn ein Mensch in einem seiner früheren Leben einen anderen Menschen umgebracht hat, war er ein Täter – er hat also ein Täterleben geführt. Folglich, sofern er seine Tat nicht gesühnt und damit aufgelöst hat, ist er auch als Täter verstorben. Er ist also mit diesem Thema verstorben, das unaufgelöst blieb. In der nächsten oder einer seiner nächsten Inkarnationen erfolgt das Umgekehrte. Dieser ehemalige Täter wird zum Opfer: Er wird Opfer eines Mordes. Somit ist dem göttlich-universellen Plan genüge getan, denn alles benötigt einen Ausgleich. Das Karma ist somit in diesem Fall aufgehoben. Karma kann auch als Hausaufgaben, die im letzten Leben noch nicht gelöst wurden, betrachtet werden. Jeder Mensch kann zu jeder Zeit darum bitten, dass die göttlichen Gnadenengel wirksam werden und das Karma aufgelöst wird.

Besetzungen

Sie sind immer gröberer Natur. Besetzungen sind Energien, die den Menschen massiv beeinflussen. Das kann so weit gehen, dass der Mensch nicht mehr sich selbst ist. Es können Verstorbene, tierische Wesenheiten oder gar ein dämonisches oder teuflisches Wesen sein. Dämonische und teuflische Wesenheiten sind nicht leicht abzulösen. Ich empfehle grundsätzlich, vor Ablösungen einer dämonischen und teuflischen Wesenheit ein Schutzgebet zu sprechen, denn die Wesenheiten haben die Fähigkeit, auf jemanden überzuspringen oder diese Person direkt anzugreifen. Auch bei einer Kuh habe ich schon erlebt, dass die Besetzung einer schwangeren Kuh auf das Kalb im Mutterleib gesprungen ist.

Fernheilung

Für eine Fernbehandlung brauche ich die Angabe von Name, Vorname, eventuellem Zweitnamen und das Geburtsdatum. Das entspricht so etwas wie der energetischen Briefadresse. So kann ich mich in das energetische Feld dieser Person einklinken. Ich erhalte Auskunft und kann auch Energien an diese «Adresse», respektive Person, senden. Auch ein Ganzkörper-Foto hilft mir bei einer Fernbehandlung. Dieses muss mit den Geburtsdaten und dem vollen Namen versehen sein. Bei Tieren sind ebenfalls ein Foto, Name und Geburtstag hilfreich. Der Ort, an dem sich der zu behandelnde Mensch oder das zu behandelnde Tier befindet, spielt keine wesentliche Rolle. Ich muss diesen nicht unbedingt erfahren. In dem Moment, wo ich mit der Energiebehandlung beginne, stellt sich bereits die erste Wirkung beim Klienten ein.

Leyline

Leyline sind Kraftlinien, die von A nach B verlaufen. Es sind Informationslinien und damit Kraftübertragungsleitungen. Meist ist es so, dass der Ursprung der Kraftlinien aus einem sakralen Bau, zum Beispiel einem Kloster oder einer Kirche, entstammen. Das waren früher meistens die Ritualplätze der Kelten. Erst durch die Christianisierung wurden sie zu Plätzen für Kirchen, Kapellen und Klöster umfunktioniert. Heute wird beim Bauen keine Rücksicht auf Leylines genommen. Die darüber wohnenden Menschen empfinden die für sie viel zu starken Energieflüsse als sehr störend.

Geistführer

Mir reicht es, wenn mich mein Geistführer oder mein Geistführer-Team kennt. Namen haben somit keine Bedeutung. Ich kann meinen Geistführer nennen, wie ich will. Er ist, seit sich meine Seele auf Erden inkarniert hat, bei mir. Ich weiß, dass sich meine Seele zum ersten Mal vor rund zwölftausend Jahren inkarniert hat. Auch die Seele meines Geistführers war inkarniert. Dieser war männlich, so wurde mir mitgeteilt. In der Geistigen Welt spielt es keine Rolle, welches Geschlecht jemand hat – alle sind geschlechtslos. Es gibt zudem rund zehn Engel, die mich begleiten, auch ein Mädchen ist da. Ihre Aufgabe ist es, mich zu unterstützen. Zudem hilft mir ein Druide bei allen keltischen Angelegenheiten. Insgesamt sind rund 25 Geistwesen mit mir anwesend, die mir Unterstützung bieten für mich ganz persönlich, aber auch in meiner Energiearbeit für Mensch, Tier und Natur. Je nach Thema, mit welchem ich konfrontiert werde durch meine Klienten, kann ich auch noch einen «Spezialisten» aus der Geistigen Welt hinzuziehen. Ich weiß, dass links hinter mir mein Schutzengel steht. Direkt hinter mir steht mein Geistführer. Das Mädchen, das mich unterstützend begleitet, steht rechts hinter mir. Ich bin stark mit der Energie von Jesus

Christus verbunden. Auch die Christus-Energie steht hinter mir, respektive ich in meinem Tun in ihr. Jeder Mensch ist von Geistführern und Engeln begleitet. Viele sind sich dessen nicht mehr bewusst oder wurden noch nie darüber aufgeklärt. Es ist heute umso wichtiger, dass wir dies auch der jüngeren Generation wieder mitteilen. Dies hilft ihnen, sich im Leben besser orientieren zu können.

Heilen und Erholung

Ich werde oft gefragt, warum und wann ich wisse, dass bei einem Klienten die Heilung einsetzt. Auch dies spüre ich vorerst, manchmal kann ich es auch direkt übers Auge ablesen. Dazu folgen dann oft auch entsprechende Aussagen der zu Behandelnden. Wenn die Klienten eine Erleichterung verspüren, ohne dass ich sie je angefasst habe, kommt das Staunen und in der Folge auch die Akzeptanz. Ich kläre vorgängig immer auf, was ich mache und mit welchen Methoden in arbeite. Ich teile bewusst auch mit, dass ich teilweise mit Gebeten arbeite. Diese klingen christlich und katholisch, doch sind es Werkzeuge, die funktionieren. Ich habe sie schon hunderte Male angewendet. Warum also sollte ich sie nicht nutzen? Meine Klienten kommen meist auf Empfehlung zu mir. In diesem Fall haben andere bereits die Überzeugungsarbeit für mich und mein Wirken geleistet. So fällt mir auch die Begegnung und die Behandlung leichter.

Derzeit arbeite ich zu Hause in Menzingen, wo ich schon seit vielen Jahren wohne und mich heimisch fühle. So bin ich flexibler, als wenn ich für jede Behandlung in eine externe Praxis gehen müsste. In meinem Zuhause habe ich genügend Raum und auch Ruhe, um die Klienten in einem stimmigen Rahmen zu empfangen und zu behandeln. Ich benötige, um meine auf geistiger Ebene intensive Arbeit leisten zu können, genügend Möglichkeiten zum Auftanken in der Freizeit. Ich bin oft in der Natur unterwegs, fahre auch gerne zu ausgewählten Orten in der Schweiz und den umliegenden Ländern mit meinem Reisemobil. Via Internet bin ich für meine Klienten auch unterwegs zu erreichen. Im Zusammenhang mit einer Haus- und Stallentstörung behandle ich Menschen auch direkt vor Ort. Für die Fahrt zu den Klienten nach Hause verlange ich zusätzliche eine Fahrpauschale – je nach Distanz und zeitlichem Aufwand.

Ansonsten müssen sie zu mir nach Menzingen fahren, was die meisten auch tun. Ich arbeite in Einzelsitzungen von einer bis zu zwei Stunden am Klienten. Wenn jemand Hilfe benötigt, so helfe ich im Rahmen meiner Möglichkeiten.

Fernbehandlung – wie geht das?

Bestimmt ist es auch dir schon so ergangen: Man greift zum Telefon und exakt in diesem Moment klingelt es. Am andern Ende meldet sich jene Freundin, die man gerade anrufen wollte. So etwas kann auch im geschäftlichen Umfeld passieren. Dies ist bereits eine Form von Telepathie. Mit den Gedanken und der Absicht wurde ein Impuls bei der anderen Person im energetischen Feld gesetzt. Bei einer Fernheilung läuft es ähnlich ab. Ich erhalte zum Beispiel über einen Anruf, ein Mail oder eine WhatsApp-Nachricht die Aufforderung, jemandem zu helfen. Arbeite ich in diesem Fall via Telefon, so konzentriere ich mich auf diese Person, wenn es sofort geschehen soll. Ich klinke mich in diesem Moment durch meine Absicht in ihr energetisches Feld ein. Die räumliche und geografische Distanz spielt dabei keine Rolle. Ich hatte zum Beispiel mehrmals mit einer älteren Frau, einer entfernten Verwandten, telefoniert, die in Kalifornien lebt. Wir haben uns via Skype unterhalten. In jenem Moment, als ich die Quantentechnik anwendete, hat sie es bereits gespürt und mit ihrem Körper reagiert. Dasselbe geschieht, wenn Personen mir ihren Vor- und Familiennamen sowie ihr Geburtsdatum bekanntgeben. Dann habe ich meine Adresse, an die ich «senden» kann. Ich klinke mich mit meiner Absicht ein und sende Energie. Alleine die Absicht, es tun zu wollen, löst den Fluss der Energie zu dieser Person aus.

Die Lichtenergie ist eine Energie, die dorthin fließt, wo sie hinfließen muss. Ich als Energetiker kenne also die Adresse und konzentriere mich auf diese Person. Ich stelle mir vor, wie sich diese Person vor mir auf einer Behandlungsliege befindet. Nun kann ich so, als wäre sie bei mir auf der Behandlungsliege, an ihr arbeiten. Ich beginne jeweils am Kopf und lasse die Lichtenergie einfließen. Daraufhin geht es von einem Körperteil zum nächsten, von Organ zu Organ, bis ich durch alle wichtigen Teile des Körpers durch bin. Idealerweise legt sich der Klient in dieser Zeit bei sich zuhause hin. Die Behandlungszeit kann abgesprochen werden. Diesbezüglich gehe ich auf den Wunsch des Klienten ein. Es kommt oft vor, dass mich Menschen anrufen und mir mitteilen, dass es ihnen schlecht gehe. Sie leiden unter Kopfschmerzen, nicht selten geht es ihnen auch seelisch nicht gut. Manche leiden sogar unter Panikattacken und wünschen sich umgehende Hilfe. Vielfach haben diese Personen eine Wesenheit aufgelesen, die ich ihnen ablöse. Durch die Ablösung tritt eine sofortige Besserung ein. Die Kopfschmerzen gehen zum Beispiel deutlich zurück. Ich frage nach, wie es sich anfühlt im Moment, wo noch etwas schmerzt. Manchmal benötigen sie eine Nachbehandlung. Auch dies läuft über Fernbehandlung ab. Es kommt immer wieder vor, dass Klienten, die einen Termin bei mir gebucht haben, bei mir erscheinen und fragen, ob ich bereits an ihnen gearbeitet hätte. Sie seien sich sicher, dass sie etwas gespürt hätten. Da ich mich in ihrem Feld bei der Abfrage des Gesundheitszustandes bewegt habe, ist diese Frage für mich nicht ganz verwunderlich. Diverse Probleme haben sich zum Teil bereits durch die Abfrage aufgelöst. Auch die Bereitschaft, etwas an sich verändern zu wollen, kann Heilung auslösen.

Auch die Pendelabfrage kann bereits Heilung in Gang setzen.

Zwei Beispiele von Fernbehandlungen

Jemand schickte mir aus Versehen das Bild seines Pferdes via WhatsApp. Ich habe das Bild angeschaut und wusste umgehend: Hier stimmt etwas nicht. Ich fragte mit dem Pendel nach und wusste dann, dass das Pferd über der Kruppe hinweg ein Problem aufwies – also dort an Schmerzen litt. Ich habe die Besitzerin angefragt, ob ich dem Pferd helfen dürfe. Sie hat umgehend zugesagt, obschon sie etwas verblüfft war. Mittels Fernbehandlung konnte ich dem Pferd helfen. Nach ein paar Tagen bestätigte die Besitzerin, dass das Pferd wieder lenkbar sei. Es fühle sich freier und beweglicher an beim Reiten als zuvor.

Die Tochter einer Klientin, ebenfalls eine Pferdebesitzerin, teilte mir mit, dass es beim Reiten mit ihrem Pferd nicht gut laufe. Das Pferd habe sich nicht richtig reiten lassen. Sie schickte mir daraufhin ein Foto und den Namen des Pferdes. Als ich mit meinem Pendel abfragte, kam die Antwort, dass das Pferd unter Schmerzen leide. Ich habe die Fernbehandlung via Foto gemacht und mit meinem speziellen Heilpendel an den diversen Schmerzstellen gearbeitet. Am anderen Tag erhielt ich die Antwort von der jungen Reiterin, sie erkenne das Pferd kaum mehr wieder. Es sei wie ausgewechselt. Es hätte zwar noch die gleiche Farbe, lachte sie. Doch verhalte es sich vor allem beim Putzen am Platz viel ruhiger als zuvor und es habe sich nach langer Zeit wieder richtig gut reiten lassen.

Die mentalen Fähigkeiten von uns Menschen sind eindrücklich. Im Urnerland habe ich einen Heilplatz mental eingerichtet. Dort können Tiere und Menschen erfolgreich durch die göttliche Geistige Welt in Harmonie gebracht werden. Dieser Platz entstand, weil viele Bäuerinnen und Bauern, mit denen ich es in meiner Arbeit oft zu tun habe, immer wieder Probleme mit ihren Tieren vorweisen. In unserer Pendelgruppe im Urnerland, wo wir regelmäßig praktische Übungen durchführen, habe ich mit den Teilnehmenden der Praxisgruppe eine Kuh mental auf diesen Platz gestellt. Der Kuh ging es schlecht, sie hinkte auf drei Beinen. Sie litt unter diversen Druckstellen, zum Teil floss sogar Eiter. Diese Kuh haben wir zusammen in der Gruppe mental auf den Heilplatz gestellt. Am nächsten Tag ging sie wieder auf allen Beinen – ohne zu hinken. Wir behandelten auch ein Kalb mit einer Lungenentzündung und Fieber. Nach dem mentalen Besuch auf dem Heilplatz war das junge Tier am nächsten Morgen fieberfrei. Rational sind diese Phänomene der Besserung und Heilung nicht erklärbar, das ist mir bewusst. Ich möchte anhand von Beispielen aus meiner täglichen Praxis aufzeigen, dass es dennoch funktioniert.

Ein weiteres Beispiel: Eine Klientin ruft mich an und fragt, ob es richtig sei, dass ihre Tochter erneut ein energetisches Anhängsel habe. Irgendetwas sei bei ihr anders. Bei der Abfrage kam ein klares Ja. Ich löste das energetische Anhängsel mittels Absicht und Gebet ab. Die Mutter hat mir später bestätigt, dass es nun wieder besser gehe mit ihrer Tochter. Da die Mutter eine hohe Feinfühligkeit hatte, konnte sie wahrnehmen, dass sich das Energiefeld ihrer Tochter verändert hatte. Ich erinnere mich an einen Fall, wo mich eine Frau anrief und bat, dass ich ihrem Mann helfen solle. Dieser habe starke Ischiasschmerzen und könne kaum seiner Arbeit nachgehen. Nach meiner Fernbehandlung stellte sich bei ihrem Mann eine deutliche Erleichterung ein. Ich habe in diesem Fall die Quantenheilung und die Lichttherapie eingesetzt.

Die Felder um uns können wir beeinflussen.
Über Facebook nahm eine Frau aus Hannover Kontakt mit mir auf. Sie war als Zahnreinigungs-Assistentin tätig. Sie fragte mich, ob sie den Job beim Zahnarzt, bei dem sie tätig war, kündigen und wechseln soll. Nach einer Scheidung und weiteren Beziehungen, die nicht funktionierten, war sie stark von Selbstzweifeln geplagt. Sie war sehr sensitiv. Nach mehrmaligen Fernbehandlungen mittels Quantenheilung, welche sie jeweils umgehend spürte, lösten sich mit der Zeit die Selbstzweifel auf. Sie hat seit längerer Zeit eine funktionierende Beziehung mit einem neuen Partner. Ich hatte diese Frau zuvor nie gesehen. Unser Kontakt entstand virtuell. Die Fernbehandlung hat auch in diesem Fall wunderbar funktioniert.

Alleine die Bereitschaft, Hilfe zuzulassen und diese anzunehmen, kann Blockaden lösen.

Die physische Gesundheit verbessern

Vielen Menschen heute fehlen Ziel und Sinn im Leben. Es spielen andere Faktoren mit: Die Bewegung, die Essgewohnheiten, die Arbeit, das soziale Umfeld und auch das spirituelle Bewusstsein. Grundsätzlich gilt, dass alles ausgewogen sein sollte. Sportler, die jeden Tag wie die Gehetzten herumrennen, einen asketischen Lebensstil pflegen und sich im Sport verlieren, leben genauso ungesund wie jene, die den ganzen Tag nur rumsitzen. Zu viel Arbeit oder keine zu haben, zu viel Essen oder immer das falsche Essen, an etwelche Diäten glauben, keine Freunde haben oder rauchen, kiffen, Drogen, Alkohol – all das spiegelt sich im Körper wider.

Es wundert nicht, wenn dann auch die Psyche des Menschen reagiert und ihm die restliche Lektion erteilt. So kann keine spirituelle Entwicklung stattfinden. Heilung schon gar nicht.

Grundsätzlich ist jeder Mensch für sich selbst verantwortlich, mit Ausnahme von Kindern, Jugendlichen und Menschen mit besonderen Bedürfnissen. Unser Körper – unser Inkarnationsvehikel – ist einmalig. Das persönliche Fahrzeug durch diese Inkarnation hat selbst verschiedene Körper. Es ist auch ein Lichtkörper und sollte geehrt werden wie ein Tempel. Ich wiederhole mich: Geht raus in die Natur so oft es geht. Seid mäßig mit dem Essen und Trinken, vernünftig in der Gestaltung von Arbeit und Freizeit in Alltag. Und nehmt euch Zeit für Stille, Meditationen und genügend Schlaf! Vergesst dabei die Liebe nicht! Liebt jeden und jede und alles. Ehrt einander, habt gegenseitig Respekt und freut euch auch an kleinen Dingen! Zeigt eure Freude und euer Glück im Außen!

Ich fühle mich gesundheitlich sehr gut, obwohl ich nicht mehr 25 bin. Ich versuche, keine negativen Gedanken in mir aufkommen zu lassen. Davon hatte ich früher genug. Egal was kommt, ich bleibe positiv und zuversichtlich in meiner Gesinnung. Sei es der Krieg, die steigenden Benzinpreise, die Inflation allgemein, die Energiekrise oder das Weltgeschehen – ich nehme es zur Kenntnis, lese auch nicht mehr alles, bin sehr wählerisch geworden diesbezüglich. Ich urteile und verurteile niemanden mehr. Ich versuche, mit allen Menschen, die rund um mich sind, immer freundlich zu sein. Liebe in die Begegnungen hineinzugeben. Ich respektiere die Menschen, so wie sie sind. Ich halte mich aus Gesprächen raus, wenn es darum geht, zu verurteilen. Stille ist für mich ein Anker. Ich fahre tausende Kilometer mit meinem Camper ohne Musik und ohne Nachrichten zu hören. Ich konzentriere mich auf das JETZT. Das ist nicht immer einfach. Eine Meditation zwischendurch darf es durchaus sein. Ich gehe in den Wald, in die Natur. Mit Freude versuche ich meinen Kursteilnehmenden aufzuzeigen, was ich selbst gelernt habe, und was ich als positiv empfinde.

Anwendungsmethoden zur Spiritualität weiterzugeben, sehe ich heute als meine Lebensaufgabe. Sport übe ich heute nicht mehr aus. Spazieren, wandern und den Energien der Steinkreise nachzuspüren, das empfinde ich auch als eine Form von Sport. Je höher das Bewusstsein reicht, umso mehr taucht der Mensch in einen Jungbrunnen ein.

Die mentale Gesundheit verbessern

Was ist aus deiner Sicht unter mentaler Gesundheit zu verstehen?

Ein mental gesunder Mensch ist sich bewusst, dass er ein schöpferisch-göttliches Lichtwesen ist. Dieses hat aus der Sicht des Geistes betrachtet unbegrenzte Möglichkeiten, um das eigene Leben im Sinne der Schöpfung, die alle Wesen umfasst, zu gestalten. Was aber sind Killer für eine mentale Gesundheit? Es sind dies vor allem Fluchen, Schimpfen, über andere Herziehen, negative Gedanken allgemeiner Art und negative Aussagen. Sie ziehen uns energetisch in tiefere Frequenzen. Ob ich das Negative laut oder leise ausspreche oder nur daran denke, dies spielt keine Rolle. Es löst immer etwas aus. Negatives, so meine Erfahrung, manifestiert sich viel schneller als Positives. Mein negatives Handeln wirkt sich direkt auf mein Befinden, meine Gesundheit und damit die Psyche aus. Wenn ich mental gesund bin, haut mich nichts so schnell aus den Socken. Ich kann mehr ertragen und das auf allen Ebenen.

Ist der Mensch mehr als nur Körper?

Auf der ersten Ebene befindet sich der physische und danach ätherische Körper. Als dritte Ebene folgt der emotionale Körper. Als vierte Ebene ist der mentale Körper bekannt. Die astrale Ebene fügt sich als fünfte Ebene hinzu. Der ätherische Negativkörper ist die sechste feinstoffliche Schicht. Dies ist eine Art Blaupause der physischen Ebene. Die siebte Schicht nennt man den himmlischen Körper, dies ist der emotionale Aspekt der Geistebene. Als achte Schicht ist der Ketherische Negativkörper oder kausale Körper genannt. Es ist der mentale Aspekt der Geistebene. Alle diese für die meisten Menschen unsichtbaren Körper nennen wir Aura. Jede durchdringt die nächste vollkommen mittels einer noch feineren Energie, welche in unterschiedlichen Farben wahrgenommen werden können. Jede dieser Energieschichten ist mit Chakren verbunden, welche die Energie liefert. Die Physikerin und Geistheilerin Barbara Ann Brennan kann 10 dieser Schichten wahrnehmen und sehen. Es gibt unterschiedliche Wahrnehmungen bei der Anzahl der Chakren. Meiner Meinung nach reichen die Chakren bis in die 12 Dimension nach oben – und was oben ist, ist auch unten. Zusätzlich haben wir ganz viele Neben-Chakras wie an den Händen, Ellenbogen, Schultern, Fußsohlen und Knien und an jedem Organ und so weiter. Dies ist eine Zusammenfassung aus dem empfehlenswerten Buch von Barbara Ann Brennan «Das große Handbuch der Heilung mit körpereigenen Energiefeldern, Licht-Arbeit», Goldmann Verlag.

Gilt das auch für Tiere und Pflanzen?

Ja, klar. Nur haben diese andere Aura Farben. Tiere haben meist noch ein Haupt-Chakra mehr nach meiner Erfahrung, denn sie haben nicht dasselbe Bewusstsein wie Menschen. Deshalb fehlen gewisse Aura schichten.

Wann ist der Geist gesund? Wann wird er krank?

Wenn der Körper, die Seele und der Geist in Harmonie zueinanderstehen und arbeiten, ist meiner Meinung nach ein Mensch gesund. Verlässt er die Pfade der Harmonie, schlägt die Gesundheit in eine Richtung aus, die nicht mehr der Harmonie entspricht. Dadurch manifestieren sich Krankheiten.

Bringen Kinder einen gesunden Geist mit auf die Erde?

Babys sind bis zirka drei Jahre alt, bis sie zum ersten Mal «ICH» sagen; sie werden durch ein Geistwesen geführt. Ich bin der Auffassung, dass in jedem Kind ein gesunder Geist vorhanden ist. Welche Erfahrung die Seele in diesem Leben machen will, zeigt sich bereits vom ersten Tag an. Dies hat jedoch nichts mit der geistigen Gesundheit zu tun. Die geistige Gesundheit kann durch das Elternhaus und deren Glaubenssätze stark eingeschränkt werden. Je mehr die Eltern auf das Kind einwirken, umso mehr wird das Kind in seiner geistigen Gesundheit eingeschränkt. Die Erfahrungen bis zum Alter von sieben Jahren hilft dem Kind, seine Aufgaben zu erkennen und seinen Seelenweg zu gehen.

Die göttliche Quelle und der Geist – wie ist das verbunden? Ist es dasselbe?

Die Quelle ist die Schöpfung, die Schöpfung ist die Heilige Dreifaltigkeit.

Die Auswirkung ist individuell, für jeden das Seine.

Von der Quelle schöpft ihr Verständnis, von hier schöpft ihr Liebe, von hier schöpft ihr Mut, von hier schöpft ihr Kraft, von hier schöpf ihr Energie, von hier schöpft ihr Harmonie, von hier schöpft ihr Weitsicht, Klarheit, Ruhe, innere Ruhe, Frieden um und in dir.

Schöpfung: Ist die Entstehung von allem! (Fruchtbarkeit, Schwangerschaft, Neues entsteht)

Verwendet es beim Entstehen von Neuem.

Heilige Dreifaltigkeit: Wir begleiten und unterstützen euch, in all euren Fragen, all euren Readings. Wir Arbeiten für eure Aufträge. (Antworten aus der Geistigen Welt durch Andrea Kühne auf die Frage, was ist die Differenz und wann wende ich welche Anrede an?)

Die Quelle ist reine bedingungslose Liebe! Wir sind zu jeder Zeit mit dem göttlichen Feld verbunden; wir sind ein Teil der Quellenergie. Die sogenannte Silberschnur, die bis hoch ins göttliche Gefilde reichen soll, ist eine optisch sichtbare energetische Anbindung. Bei deren Durchtrennung stirbt der Mensch gemäß der Versinnbildlichung der geistigen Verbindung. Die Seele steigt dann auf. Meiner Meinung nach ist das Geistige identisch mit dem göttlichen Feld. Wir haben Zugriff auf alles. Die Erkenntnis, dass wir göttliche Wesen sind und alle Fähigkeiten haben, die im göttlichen Feld bereits vorhanden sind, ist der Schlüsselpunkt unserer Existenz. *Wir sind nicht unser Körper, wir haben einen. Wir sind nicht unser Geist, wir haben einen. Wir sind nicht unsere Seele, wir haben eine. Wir sind rein göttlich.* Mit jeder weiteren Inkarnation strebt unsere Seele genau das an. Sie möchte Erfahrungen in allen Bereichen sammeln und sich weiterentwickeln.

Bist du im Grunde genommen ein Geistheiler?
Doch du möchtest nicht so genannt werden?

Heilung geschieht immer mit der Hilfe der Geistigen Welt. Ich stupse die Menschen an, in eine Richtung zu gehen. Mit Hilfe der Geistigen Welt bringe ich gewisse Fehlfunktionen wieder in die richtige Bahn, damit der Selbstheilungsprozess vollkommen wirken kann. Es ist eine Geistheilung – ja. Der Begriff Geistheiler wird nicht von allen Menschen gleich verstanden. Ich gehe zum Geistheiler und Schwupps – bin ich gesund. So einfach ist es eben nicht. Es kann dabei zu spontanen Reaktionen kommen, was jedoch eher selten der Fall ist. Persönlich bevorzuge ich die Bezeichnung Energetiker. Ein Energetiker bringt Energien wieder in Fluss. Die Geistigen Helfer wirken dabei mit. Impulsgeber ist ebenfalls eine gute Bezeichnung für das, was ich mache. Ein Impuls löst etwas aus – im besten Falle ist es Heilung bei einer Krankheit, respektive Disharmonie. In den meisten meiner Fälle beginnt ein Prozess. Im körperlichen, geistigen, wie im spirituellen Bereich.

Ab wann soll jemand Hilfe beanspruchen?
Zum Beispiel bei dir oder bei einem anderen
Therapeuten?

Die allermeisten Menschen gehen zum Arzt, sobald etwas nicht mehr stimmt. Die Schulmedizin oder auch die alternative Medizin leistet sehr gute Arbeit. Manchmal stehen ihre Vertreterinnen und Vertreter aber auch an. Die Wirkung von Wesenheiten und Ahnen oder auch Wasseradern und deren Ablösungen haben Ärzte und Therapeuten in der Regel nicht auf dem Radar. Ja, viele von ihnen haben noch gar nie etwas davon gehört. Mein Grundsatz ist es, immer und überall die Hilfe zur Selbsthilfe zu ermöglichen. Ich zeige meinen Klienten zusätzlich zu den Ablösungen, die ich mache, immer auch Techniken auf zum Schutz und zur Harmonisierung des eigenen Körpers in allen Bereichen und Ebenen.

Depressionen sind zur Volkskrankheit geworden.
Was steckt aus deiner Sicht dahinter?
Der Mensch entfernt sich immer mehr von der Natur. Das ist
der Hauptgrund. Wir leben in Häusern im x-ten Stock. Die
Bodenhaftung geht verloren. Es wird gefahren, gerannt und
es bleibt keine Zeit für sich selbst. Es herrscht fast überall
Lärm, zu viel Selbstberieselung, TV bis in alle Nacht kommt
noch dazu. Stille wird nicht mehr ertragen. Überall ist etwas
los, der Mensch sucht Action. Die Freizeit wird nicht mehr als
Erholung genutzt. Kurse an den Abenden, an Wochenenden,
danach noch dies und dann jenes. Zugleich sollte der Mensch
viel leisten in der Arbeitswelt. Es entsteht ein großer Druck
von allen Seiten. Hinzu kommen die individuellen Ansprüche.
Ehrgeizige Menschen erleiden eher ein Burnout als andere, die
das Leben ruhiger angehen. Ich stelle immer wieder fest, dass
bei vielen Menschen vor allem die Erdung fehlt, bedingt durch
die Frequenzen der Natel-Antennen, oder gar die dunklen
Wesenheiten blockieren unter den Füssen! Fehlende Erdung,
keine Stille mehr ertragen, immer in Bewegung sein, mangeln-
der Schlaf und der enorme Leistungsdruck bei der Arbeit sind
sicher die Hauptgründe neben einer «vererbten Krankheit»,
sprich Veranlagung von Depressionen.

Was ist mit jemandem, der als manisch-depressiv gilt?
Oder jemandem, dem eine bipolare Störung
diagnostiziert wurde durch den Psychiater?
Generell bin ich der Auffassung, dass vielen Menschen durch die
Ablösungen von Wesenheiten und Ahnenbelastungen geholfen
werden könnte. Verbunden mit einer Traumablösung würden
die Fälle in den Psychiatrien stark reduziert. Doch stellt sich
die Frage: Ist das im Sinne der Kliniken? Doch einen Versuch
wäre es wert.

Die Diagnosen sind jeweils schnell gemacht und die Personen werden schubladisiert und abgefüllt mit Medikamenten.
Trotzdem tritt meist keine Heilung ein, sondern die Symptome
werden unterdrückt. Ob das die Lösung ist?

Menschen in der Psychiatrie, was spürst du aus deiner Sicht? Was läuft schief in ihren Systemen?

Erst durch die Entfremdung von der Natur sind viele dieser Krankheiten entstanden. Dazu kommen die energetischen Besetzungen und Traumata. Die Alternative wäre: energetische **Ablösungen machen, Traumata behandeln und dann raus in die Natur. Menschen sollten** grundsätzlich nicht in Räume eingesperrt werden. Wichtig wäre es, sich mit den psychisch erkrankten Menschen zu unterhalten, sie ernst nehmen und nicht mit Psychopharmaka behandeln. Ich erlitt selbst Burnouts in den Jahren 2000 und 2013 und habe erfahren, dass mich die Psychopharmaka mehr kaputt als gesund machten. Verordnet durch die Psychiater und Gespräche die absolut nichts gebracht hatten. Gute Gespräche mit Freunden und Kollegen, rausgehen in die Natur, sich ein Haustier anschaffen – das alles bringt so viel mehr, als die verordneten Medikamente zu schlucken. Auch das Umfeld muss sensibilisiert werden. Bei Überforderung sollte frühzeitig gehandelt werden, nicht erst dann, wenn jemand zusammengebrochen ist. Es benötigt heute dringend eine Wachsamkeit aller, um die Zeichen rechtzeitig zu erkennen.

**Was empfiehlst du jemandem,
der die mentale Gesundheit stärken möchte?**

Die Natur, in erster Linie der Wald, bietet all das, was wir benötigen, um gesund zu bleiben oder es wieder zu werden. Die Terpene, das sind die Botenstoffe der Bäume, wirken auf uns wie Glückshormone. Wir sollten den Wald in all seinen Facetten wieder genießen: sich hinsetzen, lauschen, fühlen – einfach sein. Sich ins nasse Moos setzen, sich im Gras wälzen oder die Bäume umarmen – all das wirkt bis in die tiefsten Schichten unseres Seins. Alles, was wir in der Natur machen, sollte immer mit dem größten Respekt vor allen Wesen getan werden.

Barfuß in Kontakt mit der Erde

Die emotionale Gesundheit verbessern

Was ist unter Emotionen zu verstehen?
Gibt es einen Unterschied zu Gefühlen?
Emotionen sind aus energetischer Sicht immer im Fließen. Sie sind permanent in Bewegung und können auch in der Aura gesehen werden. Wir haben zu allem und jedem irgendeine Emotion. Die Unterscheidung von Emotionen und Gefühlen ist schwierig. Ein Gefühl heißt für mich, das mag ich oder das mag ich nicht. Emotionen hingegen kommen und gehen. Das Bauchgefühl sagt uns, soll ich etwas tun oder doch lieber nicht. Die Emotion dagegen löst in uns eine Reaktion im Körper aus, die von Wut über Hass bis hin zu vollkommener Liebe reicht. Die Schmetterlinge im Bauch sind eine Emotion, die Liebe ist.

Warum fristen Gefühle in Anbetracht zur Ratio
einen so untergeordneten Stellenwert?
Der moderne Mensch lebt in erster Linie mit der linken Gehirnhälfte, also rational. Gefühle und Emotionen haben wenig Platz. In der Geschäftswelt zählen Zahlen und Fakten und Ziele, die erreicht werden müssen. Die Menschen sind im Business in einer vorwiegend kalten Welt unterwegs.

Müsste sich etwas ändern?
Auch in unserem Erziehungs- und Schulsystem?
Ja, absolut. Es müsste sich schon lange etwas ändern. Unser Schulsystem ist rund 150 Jahre alt. Damals wurden Kinder zum Gehorchen erzogen. Man brauchte Soldaten. Heute stellt man fest, dass gerade die Rudolf-Steiner-Schulen, Montessori-Schulen und viele andere Typen von Schulen immer mehr Zulauf finden. Viele, die in solchen Schulen aufgewachsen sind, haben Probleme mit der Geschäftswelt. Das Musische und die Künste allgemein sind Ebenen, in denen sich diese Menschen

eher zuhause fühlen. Ich stelle die provokative Frage, ob Kinder eine ER-ZIEHUNG brauchen. Wir ZIEHEN sie in eine Richtung, welche die Eltern als richtig empfinden. Doch was ist tatsächlich stimmig für diese Kinder? Wir sollten, statt zu erziehen, also an ihnen ziehen, besser begleiten, unterstützen und fördern.

Kann der Mensch seinen Gefühlen immer vertrauen?
Da bin ich klar der Ansicht, dass dem so ist. Unseren Gefühlen können wir immer vertrauen.

Wissen Gefühle mehr als der Verstand?
In der Regel ist es so, dass wir ein gutes oder schlechtes Bauchgefühl haben. Ein gutes Gefühl sagt uns, es passt. Ein schlechtes Bauchgefühl sagt uns, es passt nicht. Wenn der Verstand gänzlich ausgeschaltet ist und wir im vollkommenen Vertrauen sind, werden durch die geistige Welt Impulse gesetzt, die uns die Richtung weisen.

Das Sonnengeflecht ist physisch betrachtet ein Geflecht aus Fasern und Knoten (Ganglien) des vegetativen Nervensystems in der Form eines unregelmäßigen Rings mit Strahlen. Das Sonnengeflecht ist unser zweites Gehirn. Energetisch wird es als der Solarplexus bezeichnet.

Warum fühlt jeder Mensch anders?
Die Entwicklung eines jedes Kindes ist vollkommen anders. Auch das Elternhaus und die Schulen unterscheiden sich stark. Der Seelenweg ist individuell. So können Menschen auch nicht exakt gleich fühlen, hängen doch all die erlebten Situationen, positive wie negative Erlebnisse, im Rucksack mit drin. Aus diesem Rucksack werden Emotionen oder Gefühle in bestimmten Momenten hervorgeholt. Wie kann jemand, der nie wirkliche Liebe erlebt hat, Liebe spüren, wenn er oder sie nicht weiß, wie sich das anfühlt? So erging es mir. Auch den Unterschied zwischen Verliebtsein und Liebe muss jemand zuerst erfahren und erkennen, damit er oder sie weiß, was damit gemeint ist.

Können auch Tiere und Pflanzen fühlen?

Oh ja! Wir sind immer noch der Auffassung, nur wir Menschen seien fähig, Gefühle zu haben. Warum gedeihen Pflanzen besser, wenn mit ihnen liebevoll gesprochen wird? Diese Antwort ist einfach: Sie nehmen die Schwingung der Liebe auf. Was der Mensch mit den Tieren getrieben hat und es immer noch tut, das ist unglaublich respektlos gegenüber der Schöpfung. Auch heute noch! Tiere werden teilweise ein Leben lang in dunkle Löcher oder in Hallen ohne Tageslicht gesperrt. Vielen Bauern musste erst mal per Gesetz gesagt werden, wie viel Platz ein Schwein oder eine Kuh zum Liegen benötigt. Es werden Hörner abgehauen, ohne dass man sich über die Konsequenzen für das Tierwohl im Klaren ist. Da wird der Mutterkuh ihr Kalb weggenommen, ohne mit der Wimper zu zucken. Man hat sogar festgestellt, falls das Kalb nur ganz kurze Zeit bei ihr ist, sie ganz schnell darüber hinwegkommt. So wird auf den Gefühlen der Tiere herumgetreten. Bauern und auch Tierärzte gehen nach wie vor davon aus, dass unsere Tiere, die uns anvertraut wurden, keine fühlenden Wesen sind. An die Bauern möchte ich mich wie folgt richten: Schaut eure «TIERPRODUKTION» mal unter dem Aspekt und aus der Sicht der Tiere an. Wie reagiert dieser Bauer oder diese Bäuerin als Mensch, wenn jemand Dritter so mit ihnen umgeht?

**Sollten wir unseren emotionalen Körper
jeden Tag reinigen?**

Das ist empfehlenswert, ja.

Wie macht man das am besten?

Ich persönlich bitte die geistige Welt, aktiv zu werden. Sie soll meine Chakren reinigen, richtig drehend machen, richtig positionieren und alle dazugehörigen Felder energetisch reinigen. Alle gespeicherten Emotionen jetzt auflösen und löschen. Danke.

**Sind wir mit unseren Ahnen via
Emotional Körper verbunden?**
Ja und nein. Wir sind vor allem über den Astralkörper, sprich
via Herzchakra, mit unseren Ahnen verbunden. Diese können
sich auf allen Ebenen bemerkbar machen. Doch der Hauptkör-
per ist der Astralkörper.

**Was rätst du dem Leser, was soll er/sie tun, um
emotional gesund zu bleiben oder es wieder zu werden?**
Der beste Heiler ist und bleibt der Wald, sprich die Natur. Um
emotional gesund zu bleiben, empfehle ich Gespräche mit Freunden und in der Familie. Seinen Job mit Freude tun oder wechseln, wenn das nicht möglich ist.

**«Wir sind nicht unsere Gefühle – wir haben Gefühle.
Wir sind reiner Geist.» Was sagst du zu dieser Aussage?**
Wir können den Satz auch umkehren: Wir sind Emotionen und
haben Gefühle. Die Wut, Trauer oder den Hass kannst du, außer
du bist hellsichtig, nicht sehen, nur deren Auswirkungen auf das
Verhalten des Menschen. Emotionen sind geistige Energien, die
gefühlt werden müssen, um eine Entwicklung gemäß Lebens-
plan vollziehen zu können. Ängste müssen durchlebt werden.
Wir erhalten ungefragt bei der Geburt gewisse Ängste mitge-
liefert. Diese helfen uns im Leben, unseren Weg zu finden. Das
Gegenteil von Angst ist die Liebe. Um gut durch das Leben zu
kommen, sollte der Mensch die Balance finden zwischen Liebe
und Angst. Als Lichtwesen, also Geistwesen, kommen wir hier
auf die Erde, um Emotionen körperlich erleben zu können.

Warum nur die bedingungslose Liebe heilt, und sie jeder in sich trägt

Wir alle kennen die bedingungslose Liebe, jedoch haben wir sie tief in uns vergessen. Sie entwickelt sich aktuell wieder stärker – dies hat mit dem ansteigenden Bewusstsein zu tun. Durch die Erweiterung des Bewusstseins erkennen wir, dass die bedingungslose Liebe der Schlüssel für Heilung und Erkenntnis ist. Eines der größten Probleme des Menschen ist sein ständiges Urteilen und Verurteilen. Dadurch erhebt der Mensch sich gegenüber dem andern Menschen. Verzichten wir auf das Urteilen und Verurteilen, so eröffnet sich in uns die Chance, den andern so anzunehmen, wie dieser sich gerade zeigt: Ob wütend, giftspeiend, traurig oder freundlich – wir nehmen ihn als Menschen wahr. Unser Herz ist dabei nicht verschlossen, sondern weit geöffnet. Der Mitmensch, über den ich zuvor urteilte, hat nun Zutritt in mein göttliches Sein. Die Kommunikation im feinstofflichen Bereich verläuft harmonisch. Der andere darf nun so sein, wie er sich aktuell gerade fühlt. Ich begegne ihm auf der Frequenz der Bedingungslosigkeit der Herzensebene und urteile nicht über den Verstand und mein Ego. Es ist schnell gesagt: «Bleib bei dir!», wenn du dich durch jemanden geärgert fühlst. Doch genau solche Situationen zeigen, ob du die Lektion verinnerlicht hast oder nicht. Zugegeben – es gelingt auch mir nicht immer. Heute bin ich mir jedoch schnell bewusst: «Halt! Stopp! Jetzt bist du zu stark im Außen, im Urteilen.» Ich nenne dies Entwicklungsschritte, um in die bedingungslose Liebe zu gelangen. Wir sind Menschen und dürfen Fehler machen, jedoch sollten wir daraus lernen. Sich dabei selbst zu verurteilen, ist keine gute Strategie. Auch aus der Selbstliebe heraus entsteht bedingungslose Liebe. Die Selbstliebe ist ein Grundbaustein der bedingungslosen Liebe. Sie ist nicht automatisch präsent wie ein Glaubenssatz. Ich muss mich immer wieder darum bemühen.

Warum braucht der Mensch Selbstliebe? Alles findet doch im Außen statt! Lange Zeit hatte ich keine Ahnung, was Liebe ist. Ich konnte sie nicht natürlich bewusst erfahren. Ich empfand Ablehnung, Unverständnis und viel Kritik. Ich passte nirgendwo hinzu. Im Sport konnte ich mich messen und ich wusste, dass mein Körper ein tolles Ding war, auf das ich mich verlassen konnte. Doch ich war nie der Typ, der sich für den sportlichen Erfolg quälen wollte. Dies widerstrebte mir. Wieso sollte ich mich freiwillig malträtieren? Ich habe es nie verstanden, warum der Mensch sich das freiwillig antut. Höher, weiter, schneller! Es war mir immer klar, dass dies mit dem Ego zu tun hatte. Um meinem Körper selbst Schmerzen zuzuführen, war ich zu wenig Masochist. Ich konnte auch nie verstehen, warum sich Menschen piercen oder tätowieren lassen. Mir gefiel mein Körper, so wie er war: ein Meisterwerk von Gott, ein Geschenk, ein Fahrzeug für diese Inkarnation. Warum sollte ich daran etwas ändern? Auch mit dem Rauchen von Zigaretten konnte ich mich nie anfreunden. Nachdem ich es als Jugendlicher versucht hatte, fühlte ich mich danach für Tage schlecht. Folglich unterließ ich es, und ich bin damit gut gefahren. Dem Alkohol war ich in meinen jungen Jahren nicht abgeneigt. Hatte ich zu viel getrunken, lag ich danach zwei bis drei Tage krank im Bett. Alkohol in größeren Mengen vertrug ich nur schlecht. Also habe ich mich auf kleine Mengen beschränkt und bin dabeigeblieben. Heute trinke ich höchstens mal zum Anstoßen. Alkohol sagt mir nichts mehr. Ich will meinen Körper nicht schädigen. Mir war immer klar, dass mich dieser Körper noch eine ganze Weile durchs Leben begleiten wird. Also fing ich an, auf seine Signale zu hören. Selbstliebe: Wo fängt sie an? Beim Zähneputzen? Sich selbst umarmen? Richtige Ernährung? Schöne Kleidung tragen? Viele meiner Klienten haben bezüglich Selbstliebe einen Mangel. Das innere Kind pflegen und hegen – das ist die Essenz der Selbstliebe. Sobald ich dies mache, komme ich in die Selbstliebe. Die Selbstannahme geht einher mit der Selbstliebe.

Selbstannahme *ohne* Selbstliebe geht nicht. Wenn ich zweifle, zweifle ich in diesem Moment auch an mir selbst. Dann falle ich aus der Selbstliebe heraus und damit aus der Selbstannahme. Wenn ich in diesem Moment feststelle: Dies ist die Wertung eines andern und hat nichts mit mir selbst zu tun, dann kann ich in der Selbstliebe bleiben. Ich nehme mich so an, wie ich bin – unabhängig davon, was andere über mich denken. Zu Selbstrespekt gibt es ein altes Sprichwort mit dem Inhalt: «Was du nicht willst, dass man dir tu, das füge auch keinem andern zu.» Mein Göttliches Sein hat sich entschieden, als Mensch auf Planet Erde zu inkarnieren – mit all den Unannehmlichkeiten, die sich mir nun zeigen. Doch alle anderen Menschen und Tiere haben das gleichzeitig auch getan.

Die Erkenntnis – raus aus der Opferhaltung, hin zur aktiven Bearbeitung meiner Themen – hat bei mir einen regelrechten Schub der Selbstliebe und der einhergehenden Pflege des inneren Kindes verursacht. Meine Mentorin Assunta Baumann hatte mir vor einigen Jahren die Aufgabe gestellt: «Ruf deine Mutter an und sage ihr, dass du sie liebst!» Ich war zunächst baff, als ich das hörte. Ich hatte zu dem Zeitpunkt seit vielen Jahren keinen Kontakt mehr zu meiner Mutter. Trotzdem habe ich einige Zeit später angerufen und ihr aus Überzeugung gesagt, dass ich sie liebe. Etwas verdutzt hat sie gemeint, dies seien aber neue Töne. Es war damals nicht einfach für mich, über den eigenen Schatten zu springen. Es tat mir gut, denn ich habe das gesagt, was ich fühlte. Ich hatte meine Mutter trotz all der Vorkommnisse immer geliebt, und vor allem hatte ich sie immer vermisst. Mein inneres Kind freute sich, als ich ihr am Telefon meine Liebe zu ihr ausdrückte. Es hat Anerkennung und Mitgefühl ausgelöst – und dies auf beiden Seiten. Für mich ist es ein Akt der Selbstliebe und der Größe, wenn man auf jemanden zugeht, der verletzend war und ihm mitteilt, dass man ihn dennoch liebt. Wenn ich bei einem Klienten mittels «EmoTrance» die Emotionen, die durch ein Ereignis ausgelöst und gespeichert wurden, wieder in Auflösung bringe, so löst dies meist einen Prozess der Annäherung in der Beziehung zum Problemverursacher aus. Die Beziehung verbessert sich danach meist deutlich.

Beispiel:
Eine 48-jährige Frau war arbeitslos. Sie schilderte mir ihre aktuelle Lebenssituation, und ich wusste, dass ich ihr helfen konnte. Mehr aus ihrem Leben brauchte ich gar nicht zu wissen. Als ich sie fragte, ob sie mir eine Situation nennen könne, die sie heute noch belaste, nickte sie. Ich forderte sie auf, gefühlsmäßig in diese Situation einzutauchen und mir den Punkt am Körper zu zeigen, der sich nun irgendwo bemerkbar gemacht hat. Folglich habe ich den Punkt zusammen mit ihr aufgelöst. Dies taten wir so lange, bis der Punkt komplett aus dem Körper verschwunden war und keine emotionale Reaktion mehr hervortrat. Eine Woche später rief sie mich an und sagte mir, dass sie mit 13 Jahren von ihrem Großvater sexuell missbraucht worden sei. Sie habe es damals ihrer Mutter mitgeteilt, doch habe diese ihr geantwortet, ihr Vater mache so etwas nicht. Die Beziehung zur Mutter war ab diesem Zeitpunkt schwer belastet. Es kam zu ständigen Streitereien. Meine Klientin wollte dies ändern. Sie erzählte mir, dass sie nach der Behandlung durch mich mittels «EmoTrance» am darauffolgenden Wochenende zu ihrer Mutter gefahren sei. Nach Jahrzehnten konnte sie ihre Mutter wieder umarmen. Auch ging sie mit ihr zum Grab des Großvaters, obwohl sie sich bei dessen Beerdigung vorgenommen hatte, nie mehr auf sein Grab zurückzukehren. Das Loslassen von blockierten Emotionen und das Verzeihen hatte bei dieser Klientin viel mit der Anerkennung und Pflege des inneren Kindes zu tun. Folglich konnte auch ihre Selbstliebe wieder erweckt werden und aufblühen.

Blockierte Emotionen ins Fließen bringen

Selbstliebe

Selbstliebe ist ein Thema, das den Menschen bis hin zum Lebensende begleitet. Wie bereits geschildert, so machen wir in den ersten sieben bis acht Jahren all die Erfahrungen, die unser Leben danach prägen. In dieser Zeit erhalten wir alles an Lektionen aufgetragen. In diesen Jahren wird auch das (innere) Kind immer wieder mal verletzt. Diese Verletzungen sind die Ursache vieler Reaktionen im späteren Leben. Das innere Kind will gehegt und gepflegt werden. Kümmerst du dich nicht darum, so reagierst du in späteren Situationen, in denen es um dich selbst geht, verletzt. Zu erkennen, dass dieses Verhalten vom verletzten Kind herrührt, ist nicht ganz einfach. Selbstliebe heißt auch, tolerant zu sein gegenüber einem Partner. Die eigenen Erfahrungen drücken immer wieder durch und verursachen Konflikte, weil der andere nicht verstehen kann, dass in dir das innere Kind reagiert und sich wehrt gegen erneute Verletzungen.

Der Alltag macht vielen Menschen zu schaffen. Wie kann ich zum Beispiel in der Selbstliebe verweilen, wenn mein Partner von mir weggeht und dies, weil er mit einer neuen Partnerin oder einem neuen Partner zusammen sein möchte? In solch einer herausfordernden Situation genüge ich mir selbst nicht mehr. Ich fange an, zu werten und an mir zu zweifeln. Die Selbstliebe ist mir abhandengekommen. Schwierig? Ja! Auch ich erlebte solche Situationen. Zunächst steigen Selbstzweifel in dir auf, dann Wut. Erst später stellte ich mir die Frage: Was mache ich da eigentlich? Kann ich das Verhalten meiner Partnerin ändern? – Nein! Also bleibt nur die Akzeptanz. Nicht wenige fallen in solchen Situationen in den Rachemodus. Doch das ist der falsche Weg. Wichtig ist bei einem Verlust des Partners, sich zu fragen: Welches ist der nächste Schritt? Was kann ich jetzt für mich tun? Wie kommt meine Seele gereift aus dieser Situation heraus? Was zeigt sich mir persönlich? Was hat all dies mit meinem inneren Kind zu tun? Wie reagiert es auf das Ereignis? Welches ist mein Anteil, und warum ist es zum Beziehungsende gekommen? Könnte es sein, dass nun die Zeit für eine Trennung reif ist? Sollten wir etwas beenden, was für die Zukunft nicht zusammengehören will? Warten andere Aufgaben auf mich? – Selbstliebe zu praktizieren ist immer ein Versuch, ein Ausprobieren hin bis zum Lebensende. Und ähnlich wie bei einem Muskel – je öfter dieser trainiert wird, umso stärker wird er.

Ins Handeln kommen

In der Kindheit Liebe, Fürsorge und Verständnis zu erfahren, ist wohl das größte Geschenk eines Menschen, das er erfahren darf. Ich hatte das Glück, dies in den ersten drei Jahren meines Lebens durch meine Großtante zu erleben. Danach kehrten sich die Dinge gegen mich: Angriffe, Übergriffe und Verletzungen körperlicher und seelischer Art, die ich durch meine Mutter, den Stiefvater, den Ordensbruder, den Lehrmeister und viele andere Menschen aus meinem nächsten Umfeld erlebte. Erst als meine erste Tochter zur Welt kam, habe ich verstanden, was Liebe bedeutet: Ein unbeschreibliches Sein! Liebe geben ist nicht immer einfach. Da spielen viele äußere Einflüsse eine große Rolle. Ich möchte das Beste geben, nur um das Leben meiner Kinder zu vereinfachen. «Mein Kind soll es mal besser haben als ich» – diesen Leitsatz tragen viele Eltern in sich. So versuchen die meisten Eltern, ihre Liebe auszudrücken, indem sie den Kindern alles ermöglichen. Das größte Geschenk, das wir einem Kind geben können, ist gemeinsame Zeit. Wir alle wissen: Unsere Lebenszeit auf Erden ist nicht unendlich. Welche Form und Intensität der Liebe gebe ich denn nun weiter? Reicht es aus, wenn ich da bin, Zeit mit dem Kind verbringe, ihm zur Seite stehe und seine Fragen ehrlich beantworte? Heute weiß ich, dass ich meinen beiden Töchtern zu wenig Liebe entgegengebracht habe. Die äußeren Lebensumstände haben es erschwert damals. Nicht alles ist entschuldbar. Meine ramponierte Kindheit hatte ich zu dieser Zeit noch nicht aufgearbeitet. Sie drückte zu sehr durch, als unsere Kinder klein waren. Heute würde ich mich ihnen gegenüber anders verhalten. Wer selbst kaum Liebe in der Kindheit empfangen hat, dem fällt es schwer, später den eigenen Kindern gegenüber Gefühlen der Zuneigung und Liebe offen zu zeigen.

Der Aufstieg der Erde in eine höhere Frequenz

Aus den Mitteilungen des geistigen Wesens Kryon

Wir sind polare göttliche Licht-Wesenheiten, die sich bis anhin in der dritten Dimension befunden haben. Also tiefschwingender als wir heute sind, denn wir sind bereits mitten im Aufstieg. Mutter Erde als eigene Wesenheit will und wird aufsteigen in eine höhere Schwingung. Sie folgt als letzter Planet den anderen nach, die sich in unserem Sonnensystem befinden. Da auch hier alles mit allem verbunden ist, gibt es kein Stehenbleiben. Die anderen Planeten ziehen die Erde nach. Die fünfte Dimension ist eine Ebene näher dem Geistigen. Durch die Erhöhung der Schwingungsfrequenz des Planeten erleben wir Menschen einen Aufstieg. Ob wir wollen oder nicht, wird sich die Energie und damit die Schwingung nach oben verändern. Dies hat insofern Auswirkungen auf uns, dass nun Altes, Vorfälle von früher, die noch nicht angesehen wurden, sich nun plötzlich in unser Leben drängen. Immer wieder, bis wir bereit sind, die Ereignisse anzuschauen und in unser Leben zu integrieren.

Wir Menschen leben nicht erst seit 100 000 Jahren auf dem Planeten Erde, sondern schon viel länger. Dies soll der dritte Anlauf sein, habe ich in einem Channeling gehört. Davor ging es schief und die Erde wurde mit all dem, was darauf war, gereinigt. Wie dem auch sei, die Erde war schon mal in der Fünften Dimension und ist dann abgestiegen, um uns Menschen die Möglichkeit der tiefsten Schwingung und Verdichtung und das Gefühl des Abhanden-Seins von der Quelle erleben zu lassen. In Wahrheit war die Quelle immer da. Es fand eine Bewusstseins-Schulung statt. Das Tal wurde durchschritten, und wir sind nun wieder im Aufstiegsprozess. Es war so geplant, damit unsere Seelen diese Erfahrung und das damit verbundene Wachstum durchlaufen können. Jede Seele hat ihre individuelle Aufgabe und Funktion, aktiv in diesem Prozess der Reinigung mitzuwirken. Die Erde ist der letzte Planet in unserem Sonnensystem, der aufsteigt. Ob die Galaxie auch am Aufsteigen ist, weiß ich nicht, könnte mir dies durchaus vorstellen. Hierzu verfüge ich jedoch über keine Informationen. Die Frequenzen sind unveränderbar. Jede Erhöhung ist wieder eine andere Frequenz und Ebene. Ein Klavier hat diverse Tasten, bei deren Anschlag es in einer Richtung von der Tonlage hinauf und auf der anderen Seite hinunter geht. Nach links die tiefen Töne, nach rechts die hohen Töne. Jede Taste hat ihre eigene Frequenz. Es findet in sich eine Erhöhung, nicht eine Ausbreitung statt.

Grundsätzlich sehe ich unserer Zukunft auf dem Planeten positiv entgegen. Doch sehe ich für gewisse Menschen, die weder an das Göttliche in sich noch an die Zukunft glauben, schwarz. Es wird noch lange dauern, bis auch diese Seelen verstanden haben, dass es nur zwei Wege gibt: Entweder wende ich mich dem Licht zu – oder eben nicht. Gott wird auf keine Seele verzichten und wird versuchen, zusammen mit allen andern, auch diese Seelen ins Licht zu bringen. Für all jene, die bereit sind, ihr Bewusstsein zu erweitern, ihre Lebensaufgabe zu leben und als Schöpfer tätig zu sein auf diesem Planeten, wird sich viel zum Positiven verändern. Kein Krieg währt ewig, kein Streit kann nicht geschlichtet werden. Altes Denken muss gelöscht werden, um der Liebe, der gelebten Liebe, Platz zu machen. Ab dem Jahr 2035 könnte es so weit sein, dass der Aufstieg der Erde definitiv abgeschlossen ist. Bis dahin geschieht noch viel Transformationsarbeit auf allen Ebenen. Das Dunkle bekommt Angst und kämpft ums Überleben. Wir sind aktuell starken Zwängen und Versuchungen unterworfen. Negative Wesenheiten zeigen sich im menschlichen Energiefeld, hocken auf, saugen aus, wollen wahrgenommen werden. Auch sie dürfen durch den klaren Geist ins Licht geführt werden. Es wird immer besser und schneller gehen. Alles!

Wer bewusst mit Informationsinhalten umgeht, reflektiert und sich überlegt, ob es ihm nützt oder schadet, kann sich vor Manipulation schützen. Um mich auf den neuen Tag einzustimmen und auch, um mich zu schützen, spreche ich am Morgen ein Schutzgebet. Dazu erde ich mich aktiv und bewusst. Bei einem Kundenkontakt wiederhole ich dies kurz vorher nochmals. Am Abend bedanke ich mich für den Tag und für das Erlebte. Gehe ich unter Menschen, zum Beispiel in die Stadt oder nehme ich den Zug, so schütze ich mich zusätzlich. Entweder zeichne ich mental einen Feuerring rund um mich, oder ich imaginiere einer Sphäre mit violetter Flamme außen um meinen ganzen Körper herum. Es gibt noch die Möglichkeit, einen energetischen Schutzmantel anzuziehen. Das schirmt mich von negativen Einflüssen ab. Zu Hause reinige ich mental die Räume, segne vor dem Losfahren mein Fahrzeug und bitte um Führung und Schutz. Auch habe ich vor dem Haus- und Wohnungseingang einen energetischen Schutz, vergleichbar mit einem Duschvorhang, mental verankert. So kann ich das Negative von Klienten, Nachbarn und anderen Besuchern unseres Hauses fernhalten.

Schutzgebet

Heilige Dreifaltigkeit
Im Namen Jesu Christi, durch das Blut und die Liebe Jesu Christi, bitte ich Dich, sende mir jetzt Deinen Heiligen Geist in meinen Geist, in meine Seele, in meinen Körper. Ich bitte Euch, wirkt jetzt durch mich zum Wohle meinem und aller und allem, was ist.
Heilige Dreifaltigkeit
Im Namen Jesu Christi, durch das Blut und die Liebe Jesu Christi, bitte ich Dich, sende jetzt Deinen Heiligen Geist als goldene Gitternetz-Schutzkugel rings um mich herum.
Heilige Dreifaltigkeit
Im Namen Jesu Christi, durch das Blut und die Liebe Jesu Christi, bitte ich Dich, sende mir jetzt Deine Engel um mich herum, gib mir göttlichen Schutz für jegliche Art von körperlichen, seelischen, geistigen Angriffen und negativen Beeinflussungen jetzt und durch den ganzen Tag.
Amen.

Was kommt nach dem Tod?

Weißt du Bescheid über das, was nach dem Tod kommt?
Der Tod hat nichts mit Schrecken oder Endgültigkeit zu tun,
sondern ist ein fließender Wechsel der Frequenzen. Das ist vergleichbar mit dem Nicht-Wissen darüber, wann genau der Zeitpunkt des Einschlafens in der Nacht eintrifft. Was ich weiß, ist,
unabhängig davon, was wir im Leben gemacht haben, es erwartet
uns die reine Liebe. Ob der Mensch selbstentschieden ging und
sich das Leben nahm, via die Sterbehilfe Exit den Tod fand, ob
der Tod durch Unfall eingetreten ist, oder ob jemand als Folge
einer schweren Erkrankung stirbt – all das spielt keine Rolle.
Es gehört zum Spiel des Lebens dazu.

Wie sieht es dort aus?
Nach all den vielen Berichten, die ich über Nahtod-Erlebnis-
se gelesen oder von Channelings gehört habe, so gibt es dort
wunderbare Landschaften und Gewässer, genau wie hier auf
der Erde. Es ist eine energetische Kopie der Landschaft und des
Wassers auf Erden.

Was genau erwartet den Menschen dort?
Wir Menschen haben immer Erwartungen in sehr vielen Bereichen und sind dann enttäuscht, wenn sie nicht unseren Vorstellungen entsprechen. Nach einem irdischen Leben braucht
die Seele wieder Ruhe. Das Erlebte muss verarbeitet werden.
Das Leben wird angesehen, wo und wie habe ich etwas gemacht,
welche Auswirkungen hatte es auf die anderen Mitmenschen
oder auf die Tiere. Das alles erlebt die Seele anders als hier auf
Erden. Ich spüre, welche Auswirkungen mein Verhalten bei andern auslösten. Ich fühle den Schmerz, empfinde jene Gefühle
in allen Facetten, die er oder es erlebt hat. Die Katholiken be-
zeichnen diesen Zustand als Hölle. So kann es sich durchaus

anfühlen für jene, die andern viel Leid und Schmerz zugefügt haben. Die Läuterung besteht in der Erkenntnis über das Gute und das Nichtgute. Dennoch wird niemand verurteilt. Es gibt keinen strafenden Gott. All das dient uns für die nächste Inkarnation. Es dient uns als Grundlage, was nochmals angesehen oder durchlebt werden sollte, um die Erfahrung machen zu können.

Ist dort die Wahrnehmung völlig anders?
Ja, das sicher. Da sich alles im feinstofflichen Bereich abspielt, sind Worte und Gedanken nur in Frequenzform vorhanden. Erleben von Emotionen und Gefühlen kann ich diese nur in inkarnierter Form.

**Oder einfach unvorstellbar intensiver
als jetzt auf Erden?**
Ich bin der Ansicht, dass Frequenzen und Schwingungen nach dem Tod – also in der anderen Dimension – intensiver wahrgenommen werden. Erfahren können wir Emotionen nur auf der Erde. Deshalb wollen alle Wesen inkarnieren. Hinter dem Schleier des Vergessens ist Liebe in jeglicher Form.

Hat auch der Tod und damit der Tote eine Frequenz?
Ein russischer Wissenschaftler hat bei einem Sterbenden nach dessen Tod mittels Kirlian-Fotografie festgestellt, dass der letzte Funke Energie den Leichnam erst nach dem dritten bis fünften Tag verlassen hat. Mit dem Tod verändert sich auch die Frequenz des Leichnams und senkt sich allmählich auf Null herunter. Die Seele trägt ihre eigene Frequenz und die der Ahnen in sich. So erkennen Angehörige ihre eigenen Verstorbenen in der Geistigen Welt.

**Was spürst du auf der energetischen Ebene,
wenn eine Seele den Körper verlässt?**
Als Krankenpfleger FA SRK habe ich viele ältere Menschen in den Tod begleiten dürfen. Ich war dabei, als sie den letzten Atemzug nahmen. Die allermeisten starben friedlich. Sie gaben sich hin.

Viele hatten ein Lächeln im Gesicht. Für mich war das immer ein feierlicher Moment. Meist ging es schnell und die Seele war weg. Sie wurde so gar nicht aus dem Körper herausgerissen, sondern eher in Liebe weggetragen und empfangen.

Du hast eine betagte Mutter – wie gehst du mit dem Tod um? Was ist wichtig für die Hinterbliebenen, noch bevor sich jemand verabschiedet?

Das persönliche Gespräch der Vergebung ist eine Fähigkeit, die wir haben. Das muss unbedingt genutzt werden – gegenseitiges Vergeben, wenn immer möglich. Ist es nicht umsetzbar, weil der andere es nicht zulässt, so kann man selbst den ersten Schritt tun. Danach können die Energien wieder fließen. Ich empfehle sogar, umarme die andere Person und bedanke dich für ihr Sein! Auch ich habe das getan. Ich habe mich bei meiner Mutter entschuldigt und um Verzeihung gebeten. Mein leiblicher Vater verstarb im Mai 2008. Noch im gleichen Jahr war ich bei Isabelle Schumacher in ihrer Praxis in Wohlen, Kanton Aargau, zur Beratung. Ich habe mich bei ihr über eine Schule für geistiges Heilen informiert. Plötzlich meinte sie, da melde sich jemand aus der Geistigen Welt. Er sage, er sei mein Vater und wolle unbedingt mit mir sprechen. Sie fragte mich, ob denn mein Vater verstorben sei. Ja, gab ich zur Antwort. Sie teilte mir mit, dass sich mein Vater bei mir entschuldige. Er sei gefangen gewesen in all dem täglichen Tun, und er bitte mich um Verzeihung. Ob ich das annehmen könne, fragte er. Es kam alles so überraschend für mich und hat mich fast vom Sofa gehauen. Ich war völlig überrascht, denn ich war nicht gefasst darauf, wusste nicht, dass so eine Begegnung spontan möglich ist. Ich musste nicht lange überlegen und habe ihm verziehen. Daraufhin ist er gegangen. Es war ihm anscheinend sehr wichtig. Wie ich später feststellte, kommt es immer wieder vor, dass sich Verstorbene melden und um Verzeihung bitten. Aus diesem Grund empfehle ich allen Klienten, die zu mir kommen und irgendwo einen Knopf zwischen den Angehörigen haben, sich gegenseitig zu verzeihen.

Wie sollte ein Begräbnis aussehen?

Seit jeher ist ein Begräbnis ein ritueller Kult. In warmen Ländern wird der Tote innert 24 Stunden begraben oder verbrannt. Dies hat mit der Verwesung und der Seuchengefahr zu tun. Die Inder verbrennen ihre Leichname aus Angst, dass Aspekte des Toten auf sie übergehen, sie danach Besetzungen aufweisen. Zu Beginn der Abschiedszeremonie kann die Seele in der Nähe sein, muss aber nicht.

Die ungelebten Seelenaspekte des Verstorbenen können meist ab dem dritten Tag aktiv werden und neue Besitzer suchen. Daraus erklärt sich die weiße Farbe der Kleidung bei Indern und in vielen anderen Ländern. Schwarz zieht solche Aspekte an.

Hast du dich mit dem eigenen Tod beschäftigt? Was soll mit deinem Körper geschehen?

Für mich ist der eigene Tod kein belastendes Ereignis. Die Frage ist einfach, was geht bis dahin? Schmerzen hat niemand gerne. Das Leiden, auf welche Art auch immer, dient entweder mir oder einem Mitmenschen. Wer starke Schmerzen hat, ist schneller bereit, diese Welt zu verlassen. Also dient der Schmerz zur Vorbereitung des Sterbens. Wir haben bis am Schluss eine Aufgabe zu erfüllen. Darum kommt für mich am Ende auch keine Lösung mit «Exit» in Frage. «Sondermüll durch Chemikalien» bei einem Leichnam ist heute bei einer Erdbestattung oder bei der Kremierung durchaus ein Thema. Mitten im Dorf – auf der einen Seite der Kirche werden seit Jahrhunderten Erdbestattungen durchgeführt. Das Erdmaterial ist durch die einstige Medikamenteneinnahme der Verstorbenen belastet. Gemäß Krankenkassen sind die letzten drei Monate eines Menschen die teuersten, gerade auch wegen der hohen Medikamenteneinnahme. Die Kremation ist wohl der beste Weg. Auch bei einer Kremation braucht es starke chemische Filter, die Schlacke muss später als Sondermüll entsorgt werden. Ich wünsche mir, dass meine Asche dereinst der Natur übergeben wird.

Es gibt erdgebundene Seelen, die auf Hilfe warten.
Warum sind sie nach ihrem Tod
erdgebunden geblieben?
Was kann jeder Einzelne für sie tun?

Beim Vorgang des Todes wird jedem Sterbende das Licht, in das er aufsteigen kann, gezeigt. Nun liegt es an jedem Einzelnen, diesen Weg zu gehen oder nicht. Dabei spielt das eigene Bewusstsein eine große Rolle. Sind Geld und Macht, Besitztümer wie Haus, Hof oder generell die Anhaftung am Materiellen ein Thema, bleibt die Seele erdgebunden. Dabei spielt die Art und Weise des gelebten Lebens eine entscheidende Rolle. War der Verstorbene ein Vergewaltiger und wurde zum Beispiel verflucht, so hängt er zwangsläufig in der Zwischenwelt fest. Die Seele kann nicht ins Licht, auch wenn sie gehen möchte. Jeder Fluch muss wieder auf irgendeine Art abgelöst werden. Plötzliche, unerwartete Tode reißen die Seele aus dem Leib. Aus diesem Grund realisieren viele Unfall- oder Kriegsopfer nicht, dass sie gestorben sind. Sie sind irritiert, warum niemand sie sehen und hören kann. Dies kann gemäß unseres Zeitbegriffes Jahrhunderte dauern. In der geistigen Welt gibt es keine Zeit. Das Einzige, was wir tun können, sind spezielle Gebete, welche die Ahnen und die verstorbenen Seelen in der Zwischenwelt ablösen. All die Banne und Flüche werden dabei auch abgelöst. Jedes Gebet aus dem Herzen heraus hilft. Innerhalb der Astralwelt, dorthin gehen die verstorbenen Seelen, deren Bewusstsein noch nicht so weit erhöht ist, gibt es sieben Stufen. Diese müssen «durchlaufen» sein. Früher dachte ich immer, wenn die Verstorbenen auf der anderen Seite des Schleiers sind, kennt jede Seele alles und weiß alles. Bis ich aus eigener Erfahrung feststellen musste, dass nicht jede Seele, die verstorben ist, das entsprechende Bewusstsein hat. Das, was jemand hier auf Erden hatte, verkörpert die Seele auch auf der anderen Seite. Ein knurriger, wütender Mensch ist es auch später noch. Ein religiöser Fanatiker ist auch später noch einer. Da ich bei meiner Großmutter aufgewachsen bin, diese dann im Jahr 2002 verstarb, bat ich damals darum, dass sie mich beschützen soll. Heute würde ich keine eigene Besetzung mehr anordnen.

Als ich bei meiner spirituellen Mentorin Assunta Baumann ein Channeling buchen wollte, ging das nicht. Es hocke ihr jemand regelrecht in der Leitung. Etwas frustriert bin ich dann nach Hause gefahren und habe durch das Anrufen von Erzengel Michael um die Befreiung jeglicher Art blockierender Energien gebeten. Danach funktionierte es mit dem Channeling. Bei dieser Gelegenheit kam heraus, dass meine Großmutter nicht diejenige war, bei der ich glaubte, aufgewachsen zu sein. Es war die Großmutter väterlicherseits, also die Mutter meines Vaters, der mich zeitlebens ablehnte, sie nicht kannte. Wie ich hinterher erfahren habe, war die Großmutter väterlicherseits sehr gläubig, früher nannte man es schwarz-katholisch. Die Kirche vertritt die Ansicht, dass Channelings nicht gemacht werden sollten.

Dabei habe ich zwei wichtige Dinge gelernt: Erstens, sei präzise mit deinen Formulierungen und Wünschen! Und zweitens, nicht jede Seele verfügt über das Bewusstsein, das du dir vielleicht vorstellst.

Frühere Leben, Reinkarnation – gibt es Beweise

Das erste Mal, als ich von Inkarnation hörte, war mit 15 Jahren. Ich machte gerade mein Volontariat im Betagtenheim in Straßburg. Es war Leon Rivoir, ein Pensionär in diesem Betagtenheim, der mir ausführlich darüber berichtete, was er selbst über Inkarnationen gelernt hatte. Ab diesem Zeitpunkt verstand ich das Leben. Reinkarnationen waren für mich, der in einer reformierten und katholischen Familie aufgewachsen ist, nie ein Thema. Ich war damals auch noch nicht so weit, was mein Bewusstsein betraf. Doch Leon Rivoir hat mir anhand des Baumes ein Beispiel gegeben, welches mir die Zusammenhänge verdeutlichte. Er verglich die Leben des Menschen mit den Leben eines Baumes. Das Ziel war und ist, vollkommen zu werden.

Jeder Baum erblüht und entfaltet sich von Frühling bis Herbst. Die Wurzeln wachsen in dieser Zeit und die Krone reckt sich gegen den Himmel. Wind, Hagel, Sturm, Trockenheit und Regen – all diese Erfahrungen gehören zu seinem Leben. Dann, im Winter, zieht sich der Baum zurück. Er stirbt einen kleinen Tod bis im Frühling. Dann fängt alles wieder von vorne an, Jahr um Jahr, bis eines Tages das maximale Wachstum erreicht ist, und der Baum endgültig stirbt. Er verlässt seinen Raum. Auch der Mensch lebt sein Leben, durchläuft Erfahrungen, stellt sich Erkenntnisprozessen, stirbt und inkarniert wieder. Er macht dort weiter, wo er bezüglich seines Bewusstseins in seinem letzten Leben war, bis er eines Tages sein volles geistig-seelisches Wachstum auf Erden erreicht hat. Dann wird er nicht mehr inkarnieren wollen oder müssen. Die Religion hat die Wiedergeburt aus der Bibel entfernt. Es ging dabei um den Machterhalt der Kirche. Mit der Androhung, bei Nichtbefolgen der religiösen Vorschriften in die Hölle zu gelangen, wurde Angst geschürt. Die christlichen Glaubensgemeinschaften halten bis heute an dieser Vorstellung fest. In den allermeisten Religionen und

Geisteshaltungen ist es selbstverständlich, dass die Seele des Menschen nicht nur einmal inkarniert, sondern sich in einer Folge von mehreren Inkarnationen auf der Erde einstellt. Das können fünf, hundert oder mehr Leben sein. Indigene Völker, die nie zuvor mit Menschen aus anderen Kulturen Kontakt hatten, verfügen über dasselbe Wissen bezüglich Inkarnationen. Es bräuchte wohl eine innere Revolution in den christlichen Glaubensgemeinschaften, bevor die Gläubigen bereit sind, über Jahrhunderte verinnerlichte Glaubenshaltungen aufzusprengen, zu hinterfragen und zu revidieren. Wenn Kirchenvertreter sagen, dass der Mensch nur einmal existiert in seiner Form und in die Hölle gerät bei Ungehorsam, dann schürt dies massive Ängste. Wer nicht dieses oder jenes Ritual einhält, dem wird der Einzug ins Himmelreich verwehrt. Dieses verweigerte Ritual kann die Taufe sein oder nach dem Tod die Bestattung auf einem Friedhof. «Geweihte Erde» als Beispiel ist aus Sicht der Katholiken nur katholisch geweihte Erde. Deshalb durften auf diesem Friedhof nur Anhänger der eigenen Glaubensgemeinschaft bestattet werden. Es ist eindeutig, dass Menschen lenkbarer werden durch das Entfernen und damit die komplette Vernichtung der Vorstellung von menschlichen Mehrfach-Inkarnationen. Wenn es nur dieses eine Leben gibt, so strengt sich jeder an, es im Sinne der Obrigkeit zu führen. Schließlich wissen «die ganz oben», was sich gehört. Ist sich jedoch ein Mensch von klein auf bewusst, dass er viele Leben haben wird, um alle Lektionen zu erfahren und zu lernen, so verhält er sich anders – anders sich selbst gegenüber, anders aber auch andern Menschen und der Umwelt gegenüber. Er weiß, dass er durch den Tod nur den Körper ablegt und später die Möglichkeit haben wird, sich irgendwo bei Eltern durch eine Neugeburt zu inkarnieren. Um abermals in die irdischen Erkenntnisprozesse einzutauchen und sich neuen Erfahrungen stellen zu dürfen. Auch christlich strenggläubige Menschen wissen, dass die Seele eine unsterbliche Form hat. Sie gehen jedoch davon aus, dass nach einem einmaligen Leben die Seele ins Himmelreich einzieht. Zumindest ist dies ihre Hoffnung. Durch das Ausblenden der Frau und damit der weiblichen Spiritualität in der katholischen Kirche konnte sich das Patriarchat durchsetzen. Egal, was Frauen taten, sie wurden als unrein und falsch bewertet. Vermutlich hatte es mit Eva zu tun, sie soll die Urheberin sein, dass alle das Paradies verlassen mussten. Dies ist eine nachtragende Denkweise und hat nichts mit der Nächstenliebe zu tun, welche die Kirche verkündet. Alles diente zum Machterhalt des Klerus und des Adels.

In frühere Leben von Menschen und Tieren spüre ich mit der Methode des Theta Readings hinein. Ich bitte in diesem Fall darum, dass mir alles gezeigt wird, was heute und jetzt zum höchsten Wohle dieses Lebewesens abgelöst werden darf. Dann fühle ich hinein, und manchmal weiß ich unmittelbar, was zuvor geschah. Ich erhalte dann oft ein Bild. Zusätzlich frage ich mit dem Pendel ab, bis ich sicher bin. Ich bin bei dieser Herangehensweise immer bei bewusstem Verstand, also nicht in Trance oder Hypnose. Ich weiß, dass da energetische Felder sind, in denen die Informationen abgespeichert sind. Ich habe also die Möglichkeit, mit meiner Herangehensweise diese Informationen «zu lesen». Manchmal erhalte ich ein Bild, manchmal aber auch nicht. Dies ist meine Art von Hellsichtigkeit. Es gibt medial begabte Menschen, die können die Aura noch besser lesen oder können in der Akasha-Chronik lesen. Ihre Gabe der Hellsichtigkeit, respektive ihr erweiterter Sinn des Sehens, ist noch ausgeprägter und offener als bei mir. In meinem letzten Leben war ich in Deutschland – dies wurde mir durch eine Palmblattlesung durch Agastia (Sidha vor rund 3000 Jahren) mitgeteilt. Er sagte, ich sei in jenem Leben Fabrikant gewesen und ziemlich wohlhabend. Jedoch ließ ich damals auch Kinder arbeiten, bezahlte sie nicht, die Arbeiter erhielten einen schlechten Lohn. Ich hätte damals viele Liebschaften gehabt, erzählte das Medium. Und ich hätte diesen Frauen sogar die Ehe versprochen, doch nie gehalten. Aus diesem Grund sei ich von einigen verflucht worden. Als mich alle darauf aufmerksam machten, auch meine Frau, ich solle mein Leben ändern, wollte ich nicht auf sie hören. Ich vertrieb meine Frau und das kranke Kind, in der Folge hatten beide nie genug zu essen. Später wurde ich schwer krank und bettlägerig. Nur noch ein einziger Mensch habe sich dann um mich gekümmert, sagte das Medium. Als ich wieder gesund wurde, bat ich um Verzeihung. Ich fing an, mein Vermögen zu verteilen und Gutes zu tun. Ich teilte Essen an Kinder aus, ermöglichte ihnen eine Ausbildung. Ich gründete sogar Waisenhäuser. Diese Geschichte über meine letzte Inkarnation ist mir nahe gegangen.

Wir sind heute die Summe von allen
unserer Inkarnationen.

Es ist nicht nötig, Rückführungen zu machen, um irgendwelche Probleme zu lösen. Wir müssen diese im Hier und Jetzt lösen. Es kann jedoch hilfreich sein, wenn ich weiß, was der Ursprung der Thematik ist.

Ich hatte immer wieder Probleme mit meinen Finanzen. Nun, im Alter, löst sich das. Wenn ich mein letztes Leben betrachte, dann weiß ich, warum das so ist. Jegliche Handlungen müssen auf energetischer Ebene ausgeglichen werden. Es geht auch keine Energie irgendwo verloren. Alles bleibt im Gleichgewicht. Ist eine Minus-Energie vorhanden, muss diese irgendwann ausgeglichen werden. Dasselbe gilt für Flüche. Auch sie sind nicht leicht aufzulösen. Es sind unterschiedliche Komponenten, die auf eine Inkarnation einwirken. Wir haben den Wunsch der Seele zur Weiterentwicklung des Bewusstseins, und wir haben das sogenannte Karma, das Schicksal, sprich Hausaufgaben, die noch nicht erledigt sind. Um ein Optimum herauszuholen, werden die entsprechenden Eltern, Ort und Funktion auf Erden mittels Seelenplan abgeglichen. Einige markante Eckpunkte des zukünftigen Lebens werden fixiert. Auch die Art des Todes wird festgelegt. Das Geburtsdatum wird bestimmt und der passende Name, der benötigt wird und unterstützend wirkt. Dies wird in einem Vertrag festgehalten, dann von der Seele unterzeichnet. Danach erfolgt die Überprüfung durch einen Inkarnationsrat. Es sind jeweils drei Seelen, die ihr Leben, Aufgaben und Bewusstseinsentwicklung vortragen. Davon wird eine der Seelen inkarnieren dürfen. So haben wir, die hier auf Erden sind, schon mal gewonnen. Die andern müssen ihren Plan nochmals überarbeiten. Das ist der rote Faden, der sich durch das menschliche Leben und die Abfolge der Inkarnationen zieht, so wie ich das mit meinem heutigen Bewusstsein erkennen und wahrnehmen kann.

Elektrosmog und das Neutralisieren von Störfeldern

Bei meinen Hausbesuchen mache ich immer einen kinesiologischen Armtest. Ich suche mittels Pendel einen schlechten und einen guten Platz für jede einzelne Person in der Wohnung. Dann stelle ich diese Person entsprechend auf. Auf dem guten Platz hält der waagrecht ausgestreckte Arm meinem Druck stand. Daraufhin drücke ich dem Probanden sein Handy in die Hand und rufe ihn von meinem Gerät aus an. Wenn es klingelt, machen wir den Test auf dem guten Platz erneut. Und siehe da: Die angerufene Person kann den Arm nicht mehr waagrecht halten bei leichtem Drücken. Sein Energiefeld kracht durch die Strahlung des Handys in sich zusammen. Nun gebe ich der Person unser Produkt zur Handyabschirmung in die Hand. Darauf folgt abermals ein Text und der Arm kann mühelos gehalten werden. Wir wiederholen dann alles nochmals, damit die Probanden sehen, dass nicht manipuliert wurde. Dieser Test kann von jeder beliebigen Person durchgeführt werden.

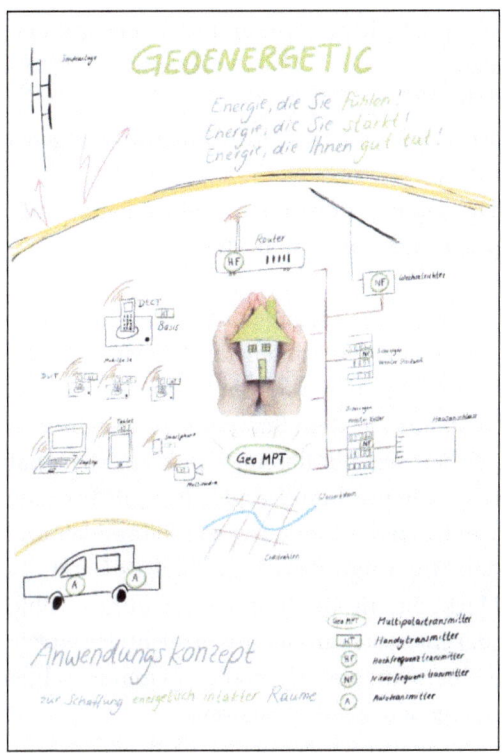

Anzeichen für Störzonen

Es gibt sichere Anzeichen für das Vorhandensein pathogener Störzonen im Schlafbereich.

- Müdigkeit und Abgeschlagenheit am Morgen, oft auch den ganzen Tag hindurch.
- Stundenlanges Nicht-Einschlafen-Können.
- Unruhiger Schlaf, ein zerknülltes Bettlaken, Angstträume, Aufschreien.
- Ausweichen im Bett, Aus-dem-Bett-Fallen, Hocken und Wippen im Bett.
- Flucht aus dem Bett, Nachtwandeln.
- Abneigung gegen das Bett und das „Zu-Bett-Gehen".

- Frieren im Bett, Knirschen und Klappern mit den Zähnen, aber auch
- Nachtschweiß.
- Appetitlosigkeit, oft sogar Erbrechen am Morgen, Missmut, Nervosität,
- Unbehagen und Depressionen, Weinen nach dem Erwachen.
- Krämpfe, Herzklopfen im Bett.

Ein solches Kennzeichen genügt als Hinweis. Doch meistens sind mehrere gleichzeitig vorhanden (aus GEOenergetic).

Viele Leute haben bereits einen Aufkleber zur Abschirmung des Elektrosmogs auf dem Smartphone angebracht. Ich mache den gleichen Test mit deren Produkten. Meist halten diese nicht, was sie versprechen. Desgleichen gilt für irgendwelche Abschirmgeräte in der Wohnung wie Pyramiden und Matten. Meine Erfahrung zeigt, dass kein einziges Gerät, das derzeit auf dem Markt ist, die Qualität des von Jürgen Albicker (geoenergetic.de) entwickelten Gerätes erreicht. Ich würde auch das Gerät von einem anderen Hersteller weiterempfehlen, falls es eine herausragende Qualität ausweist.

Eltern sollten ihre Kinder beobachten, wie sie schlafen, und vor allem, wo genau sie in ihren Betten liegen. Schlafen sie verkehrt herum oder ganz außen auf der Seite, könnte die Ursache in einer Reizzone – also einer energetischen Störzone – jeglicher Art liegen. Selbstverständlich sollte nicht geflucht werden in einem Schlafzimmer, generell nicht in einem Zuhause. Denn auch diese Art von Energie wird in Räumen verankert und trägt nicht zur Ruhe bei. Es empfiehlt sich, immer wieder nach Wesenheiten jeglicher Art als auch verstorbenen Seelen zu fragen. Denn sie könnten sich energetisch wieder in Wohnräume einnisten und dies sollte nach einer umfassenden Reinigung verhindert werden.

WLAN und WIFI

Jugendliche benötigen in der Nacht keinen Zugang zum Internet. Ab 22 bis zirka 6 Uhr sollten junge wie erwachsene Menschen Zeit zum Schlafen finden. Optimal wäre es, wenn man zwei Stunden vor dem zu Bett gehen nicht mehr in einen Bildschirm schaut. Der Umgang mit Medien und den elektronischen Geräten sollte gelernt werden – genau wie das Zähneputzen. TV-Sendungen sollten gerade mit Kindern und Jugendlichen kritisch hinterfragt werden. Was ist real und was nicht? Vorsicht ist auch bei Videospielen geboten: Aus energetischer Sicht sind Spiele, bei denen geballert und getötet wird, Erzeuger von Elementalen. Dies ist eine Form von selbstkreierter Energie, die den Menschen immer wieder anstoßen, sich erneut in diesen energetischen Zustand zu bringen. Anders gesagt, so entsteht Suchtpotential. Dieser Zustand – dieser energetisch besetzte Rausch – will immer wieder erfahren werden. Durch meine Arbeit kann ich helfen, dass sich diese Elementale wieder auflösen, sich eine Sucht nicht entfalten kann. Ist jemand bereits süchtig, benötigt diese Person eine umfassende Ablösung auf allen Ebenen.

Wie wirkt Mobilfunk und wie kann dieser entstört werden

Wir leben digital stark vernetzt. Dies geht nur unter Einsatz von Antennen. Dass die Aufrüstung für den Mobilfunk nicht unbedingt das Beste für die Gesunderhaltung von Menschen, Tier und Natur ist, dürfte vielen bewusst sein. Die analoge Funktechnik, die wir noch bis vor wenigen Jahren kannten, entsprach der Sinuskurve. Diese ist rund. Die digitale Funktechnik zeigt ein eckiges Bild. Deshalb bezeichne ich sie aus meiner Sicht als «nicht naturkonform». Für die Entstörung benutze ich einige Produkte, die ich von Jürgen Albicker aus Deutschland beziehe. Er forscht und entwickelt seit mehr als 25 Jahren Entstörungsprodukte. Bei diversen Geräten habe ich ihm geholfen, die Produkte noch effizienter zu machen. Sie sind einfach in der Anwendung und überzeugend in ihren Resultaten. Albicker hat den

Multipolartransmitter entwickelt und durch die Eingaben von weiteren Komponenten sind Verbesserungen eingetreten, die ich oder auch noch andere Personen gewünscht hatten. Wir haben zusammen den Multipolartransmitter in seiner Funktion und Aufgabe verfeinert. Dies ist übrigens ein laufender Prozess. Über die Programmierung des Quarzsandes im Multipolartransmitter wird erreicht, dass danach Lebewesen nicht mehr in Resonanz gehen mit Wasseradern, Erdstrahlen, Elektrosmog und anderen Schadquellen. Der von uns entwickelte Multipolar-Transmitter wirkt gegen jede Form von Elektrosmog – auch gegen Quellen, die stärker als 5G sind. Um zum Beispiel ein TV-Gerät, ein Radio oder den Router zu entstören, benötige ich nur den Multipolartransmitter. Zudem klebe ich auf jedes Gerät, das eine Funkverbindung aufweist – also über Wireless oder Bluetooth gesteuert ist – einen Handytransmitter. Diese Transmitter sind noch spezieller auf den Elektrosmog ausgerichtet.

GEOenergetic Produkte

Für das Handy benutze ich den Kleber

Handy Aufkleber

Multipolar Transmitter

Der Multipolartransmitter für das Haus, Wohnblocks, Haus, Hof und Stall mit unterschiedlichen Reichweiten und Aufgaben.

Persönlicher Transmitter

Den persönlichen Body-Transmitter für im Alltag draußen und im Geschäft.

Andere Produkte findest du auch unter www.mettlerenergie.com

Grundsätzlich ist der bewusste Umgang mit Mobiltechnologie und Elektrizität generell wichtig. Eine zweipolige Nachttischlampe mit einem Schalter am Kabel kann falsch eingesteckt werden. So entsteht ein großes Magnetfeld. Warum? Der Nullleiter wurde in die Phase eingesteckt. So steht das Kabel bis zur Lampe und zurück zum Schalter unter Strom. Mittels Pendel kann ich am Stecker eruieren, auf welcher Seite sich der Nullleiter befindet. Nur wenn Nullleiter auf Nullleiter trifft, ist das Magnetfeld reduziert. Anstelle der Nachttischlampe hilft auch eine Taschenlampe.

Generell sollten sich in einem Schlafzimmer keine elektronischen Geräte befinden. Das Mobiltelefon sollte mindestens ein bis zwei Meter vom Bett entfernt und im Flugmodus sein, sollte es als Wecker genutzt werden müssen. Ich rate jedoch, das Mobiltelefon gar nicht mit ins Schlafzimmer zu nehmen und komplett auszuschalten. Denn das Schlafzimmer sollte ein Ort der Erholung sein. Auch empfehle ich dringend, den Internet-Router über Nacht auszuschalten. Wer braucht schon während 24 Stunden ein Gehämmer im Körper? Die meisten Menschen erschrecken, wenn sie das erste Mal die Töne eines Messgeräts bei Router, digitalem Telefon und Smartphone vernehmen. Die Technologie hat der Menschheit viele Erleichterungen gebracht. Doch dazu kam auch einiges, dass den Menschen ein großes Maß an Suchtpotential für Jung und Alt bereithielt. Ich plädiere fürs Verzichten, wo immer es möglich ist. Der bewusste Umgang mit all den elektronischen Geräten ist entscheidend. Mittels Skalarwellen wäre eine Technik möglich, die ohne die schädlichen, elektromagnetischen Funkwellen, auskommen würde. Nikola Tesla hatte dies bereits aufgezeigt. Mit den Skalarwellen würde sich auch die Natur anfreunden können.

Biowertigkeit
Biowertigkeit bezeichne ich einen Wert ab 80 %. Somit ist eine Strahlung, die eine Biowertigkeit von 80 % und mehr erreicht, für Lebewesen jeglicher Art, nicht mehr schädlich. Die Natur, der Mensch und die Tiere gehen nicht mehr in RESONAZ mit diesen negativen Schwingungen.
Als mentale Entstörung hat sich folgendes bewährt:

Heilige Dreifaltigkeit

Im Namen Jesus Christi und durch das Blut und die Liebe Jesus Christi bitte ich dich und ordne an, dies zum Wohle aller und jedem, dass diese Antenne in Zukunft eine Biowertigkeit von 100 % aufweist. Ich verankere das hier und jetzt. Danke. Zugleich bitte ich darum und ordne an, dass alle E-Smog verursachenden Geräte, Router, Handy, Starkstrom, Hochspannungsleitungen, Bahnstrom, TV-, Radio-, Radaranlagen, Funkanlagen, auch unbekannte, geheime, Richtfunkanlagen, Satelliten und all das, was in Zukunft installiert wird, in (diesem Ort [Gemeinde]) eine Biowertigkeit von 100 Prozent aufweist. Dies verankere ich hier und jetzt. Dies alles zum Wohle aller Lebewesen, Erd- und Naturwesen jeglicher Art, Pflanzen und Mikroorganismen und dem Planeten Erde. Danke!

Mentale Arbeit und Telepathie

In näherer Zukunft wird Telepathie die Art der Kommunikation untereinander werden. Es ist bereits für diverse Kinder normal, dass sie sich telepathisch unterhalten können. Nur bekommen wir Erwachsene das nicht mit. Das mentale Arbeiten ist die Vorstufe. Wir erlauben uns, unsere schöpferische Tätigkeit auszuleben. Auch das wird normal sein und nicht mehr hinterfragt werden.

Als Beispiel: Eine Bauersfrau ruft mich an und bittet mich, ihre Alp auf der Rigi anzusehen. Ihre Tochter habe gesagt, sie fühle sich nicht mehr wohl dort, es hätte so viele Verstorbene da. Die Verstorbenen waren das eine, es gab noch viele Wesenheiten und Portale auf dem Land und der Umgebung, welche ich dann auch noch mittels Absicht und einem Gebet entfernte. Kaum hatte ich die abgelöst, meinte die Tochter, jetzt ist es gut. Viel besser. Die Tochter ist nach dem Jahr 2000 geboren und geht noch zur Schule. Ist sehr hellfühlend. Dies ist nicht immer einfach für sie.

Die mentalen Ablösungen oder arbeiten an Haus, Hof, Stall, Tier und Mensch ist keine Glaubensfrage, sondern es funktioniert, sofern du im vollen Vertrauen bist. Egal, ob du das auf Google Maps oder vor Ort machst. Es funktioniert.

Seminare, Workshops und Events

Grundsätzlich können alle Menschen das Pendeln erlernen. Nach der Einführung in die Radiästhesie stehen die Kurse allen offen. In der Regel biete ich je einen Kurs im Frühling und einen im Herbst an. Die Einführung in die Radiästhesie läuft über die Radiästhetische Vereinigung Ägerital RVÄ, bei welcher ich Mitglied bin. Der RVÄ ist ein Verein, der seit über 60 Jahren besteht. Hier kommt viel Wissen und Erfahrung zusammen.

Die Mitglieder des Vereins erhalten die Möglichkeit, einmal im Monat an einer Übung im Gelände oder an einem Vortrag teilzunehmen. Die Schulungen für den Verein werden seit einigen Jahren von mir geleitet.

Zur Grundausbildung biete ich einen Einführungskurs in die Radiästhesie an. Dieser Grundkurs läuft über den Radiästhetischen Verein Ägerital (RVÄ).

Darauf folgt der Aufbaukurs, den ich «Energetischer medizinischer Pendelkurs» bezeichne. Dieser Kurs ist zu finden auf meiner Website.

In weiteren Aufbaukursen kann das Entfernen von Wesenheiten erlernt werden.

In zusätzlichen Spezialkursen können Hausentstörungen auf radiästhetischer und geomantischer Art sowie das Auflösen von Wesenheiten und Flüchen erlernt werden.

Voraussetzung für die Aufbau- und Spezialkurse: Das Pendeln sollte bekannt sein.

Je nach Teilnehmerzahl führe ich die Kurse bei mir zuhause in Menzingen ZG oder in einem gemieteten Raum in der Umgebung durch. Die Aufbaukurse können wie folgt gebucht werden:

Schreibe ein Mail an **mettler@gmail.com** oder kontaktiere mich über meine Website **www.mettlerenergie.com**

Kritischen Stimmen und der Umgang mit ihnen

Offene Kritik ist mir bis anhin nicht zu Ohren gekommen. Viel eher wird man in die Schublade von «Esoterik» gedrückt. Es gibt wohl viele Menschen, die nicht verstehen, was ich anbiete und sich damit auch gar nicht beschäftigen wollen. Doch Kritik wird mir gegenüber nicht ausgesprochen. Ich werde in meinem Tun toleriert, und das ist gut so.

In den letzten Jahren ist es einfacher geworden, über die universelle Quelle und die Geistige Welt zu sprechen. Die Spiritualität ist gegenwärtiger geworden, währenddessen die Religiosität abnimmt. So ist es für jemanden wie mich mit meiner Arbeit eher einfacher geworden. Bei der Arbeit mit dem Pendel kommt niemand darum herum, ins Vertrauen zu gehen. Ohne sich selbst und der Antwort des Pendels zu vertrauen, funktioniert es nicht. Diese Thematik spreche ich auch in meinen Pendelkursen an.

Wir haben in unseren Gruppen durchaus auch Differenzen beim Pendeln. Je nach Thema gibt es unterschiedliche Resultate. Dies kann und darf sein. Einerseits kommt es auf die Tagesform jedes einzelnen Teilnehmers an, andererseits auch darauf, wie geübt die Pendlerin oder der Pendler ist. Je öfters das Pendel eingesetzt wird, umso mehr stimmen die Werte und das Resultat. Manchmal kenne ich das Resultat noch bevor ich es ausgependelt habe. Das kommt mit der Routine. Manchmal weiß ich, dass etwas nicht stimmt. Jede Antwort frage ich deshalb nochmals ab, zu wie viel Prozent sie richtig ist. Oder ich stelle die Frage anders, und sehe so, ob es zu demselben Ergebnis führt. Selbstkritisch zu bleiben ist wichtig, auch für den geübten Pendler. Ich nehme regelmäßig an weiterführenden Kursen teil oder besuche Seminare. Auch während meiner Pendelkurse mit Anfängern oder Fortgeschrittenen bin ich offen, Neues zu lernen. Einige der Teilnehmenden bringen bereits reichlich Erfahrung mit, die sie mit den andern aus der Gruppe teilen. So profitieren alle davon. Auch ich lasse mich gerne inspirieren und lerne von meinen Schülerinnen und Schülern.

Ich beschäftige mich mit den Channelings von Medien und deren Botschaften. Zudem bin ich bin oft in der Natur und lese Bücher zu spirituellen Themen. Heute habe ich keinen Mentor oder Guru mehr, bin ich eher derjenige, der zu speziellen Themen angefragt wird. Bei Channelings – Mitteilungen von Geistwesen durch ein Medium – auf Kanälen wie etwa YouTube frage ich vorgängig ab, wie rein in Prozent der Kanal dieser Person ist, die eine Durchsage gibt. Wenn die Antwort nicht mindestens 75 bis 80 Prozent lautet, dann sehe ich mir das Video nicht an. Auch bei Büchern oder Beiträgen in Zeitungen oder auf speziellen Websites frage ich ab, ob die Lektüre für mich wichtig ist und zu wie viel Prozent. So trenne ich die Spreu vom Weizen. Für Menschen, die nicht pendeln können, kann auch das Bauchgefühl hilfreich sein. Vorausgesetzt, man hört dann auch wirklich auf dieses Bauchgefühl und verhält sich entsprechend.

Kursabende und Projekte

Auf Wunsch meiner Schüler im Urnerland habe ich nun zwei Gruppen für den Praxisabend eingeführt. Da an den Kursabenden auch sehr persönliche Anliegen zum Thema werden können, ist dies auch zum Schutz aller Beteiligten sicher das Beste. Eine dritte Gruppe habe ich im Kanton Zug für alle Interessierten, welche den zweiten Pendelkurs absolvierten.

Die Pfad- und Steinkreisführungen sind jeweils auch für mich sehr spezielle Ereignisse. Sie sind praxisbezogen und dauern zwei bis vier Stunden. Den Menschen aufzuzeigen, wie vieles in der Natur funktioniert, wie spürbar die alten Energien noch sind, die unsere Vorfahren verankert haben. Die feinstofflichen Felder erspüren und wahrnehmen ist das, was ich versuche zu vermitteln. Das Vertrauen stärken bei fühligen Personen, dass das, was sie fühlen, auch wirklich richtig ist. Sie auf Ideen bringe, was es alles sein könnte, was da wahrgenommen wird.

Mit meinem Wohnmobil durchquere ich gerne die südlichen Länder. Dies vor allem wegen der Temperaturen und der Sonne. Ich bin und bleibe ein Sonnenkind. Dabei fahre ich sehr oft mittels Pendel. Ich gebe vor, in welches Land ich grundsätzlich fahren möchte und frage die Geistige Welt, wo ich für die Mutter Erde etwas Gutes tun kann auf dem Weg dahin. Auf Google Maps setze ich das Pendel ein, markiere den Punkt, den es mir angibt und fahre mittels Navigation dahin. Dort mache ich eine Erdheilung zum Wohle aller Lebewesen und verankere das dann auch. Das sind Lichtenergien die auf Erd- und Naturwesen, die ganze Natur, sowie auf Menschen und die Tiere wirkt. Dies dehnt sich dann viele Kilometer aus. Das mache ich im Tag drei Mal. Oder ich frage jeweils bei jeder Kreuzung das Pendel, in welche Richtung ich fahren soll. Bei der vierten Abfrage am Tag geht es dann um mich persönlich. Wo kann ich übernachten, ohne dass ich jemanden störe, oder wo gibt es für mich etwas Interessantes zu sehen, was mich interessiert. Bin so schon an unglaubliche Orte hingekommen, die ich von mir aus nie angefahren hätte. Meine Geistigen Begleiter leisten da tolle Arbeit. Danke. Das ist eine Vertrauensschulung für mich. Jedes Mal!

Neben dem persönlichen Coaching und Ablösen, das ich anbiete, schwebt mir noch ein Projekt vor, bei dem ich Menschen begleite, die ihr Bewusstsein erweitern wollen. Auch biete ich Hilfe an für Eltern, deren Kinder hochsensibel sind. Für solche Kinder leiste ich auch Aufklärungsarbeit, denn meist wissen sie nicht, wie damit umzugehen ist, wenn permanent verstorbene Seelen durch ihr Zimmer gehen und sie diese sehen und wahrnehmen.

Steinkreise und deren Untersuchungen

Ich habe vor einigen Jahren gelesen, dass es einen Steinkreis in der Nähe von Affoltern am Albis ZH geben soll. Im «Baslikerhau» (Länge: 47.285174 Grad, Breite: 8.465769 Grad) habe ich ihn gefunden. Ich fand es faszinierend, dass dort heute noch ein Kreis anzutreffen war. Er wurde vor rund 3000 bis 4000 Jahren v. Chr. errichtet Ich habe ihn bei meinem ersten Besuch ausgemutet. Die Broschüre, die mir die Gemeinde im Säuliamt zustellte, nannte den Platz «Stonehenge im Säuliamt», doch dies entsprach nicht meiner Wahrnehmung. Die

Keltisches Grab in Südspanien

Auslegungen und Funktionen erschienen mir zu stark kalendarisch ausgerichtet. Ich fand heraus, dass der Steinkreis nur zum Teil eine Funktion als Kalender hatte. Später wurde er für andere Aufgaben eingesetzt. Auch wurden Steine entfernt, und in der neueren Zeit hat jemand einen Stein neu aufgestellt. Die Energien, die ich ausmutete, waren stark, jedoch nicht innerhalb des Steinkreises. Eine hohe Energie konnte ich beim Außenstein feststellen. Exakt dort kreuzt eine Leyline den Stein. Die Werte innerhalb des Steinkreises waren eher ernüchternd. Ich versuchte herauszufinden, warum dem so war. Denn normalerweise müsste innerhalb des Steinkreises die Energie am höchsten sein. Ich stellte fest, dass dort viele Rituale stattgefunden hatten – darunter auch solche mit negativer Wirkung. Der Steinkreis war also «missbraucht» worden und wird heute noch dafür genutzt. Ich habe in der Folge eine energetische Reinigung durchgeführt und die einstigen Erbauer darum gebeten, die Anlage mental wieder so herzustellen, wie sie dem Ursprung entsprach. Ebenso bat ich darum, die Kraft der fehlenden Steine zu ersetzen. Die Boviswerte stiegen daraufhin drastisch in die Höhe. Ich konnte in der Folge im Zentrum, das liegt nicht genau in der Mitte, wie man annehmen könnte, eine beruhigende Kraft wahrnehmen.

Steinkreise sind eine bewusste Aufstellung von Steinen, behauen oder auch nicht, in unterschiedlichen Größen und mit einer Aufgabe und einer Funktion zur Erkennung eines Aspektes. Darunter wurden mit gelblichen starkstrahlenden Steinen verschiedenen Formen wie etwa Linien oder Spiralen verlegt. Der Steinkreisforscher Gerhard Pirchl nannte sie Rätiersteine. Diese hatten eine bestimmte Aufgabe zu erfüllen, zum Beispiel Energie aufzubauen oder diese wegzuleiten. Es gab bei vielen Anlagen Außensteine, die in Verbindung mit dem Steinkreis standen. Die Außensteine

Steinreihe Risch Kanton Zug

können mehrere hundert Meter vom Steinkreis entfernt liegen. Meistens sind so zirka fünf bis sieben Steinkreise bei einem Dorf oder einer Siedlung durch Priester/Priesterinnen oder Druiden/Druidinnen angelegt worden. Die Nutzung der Steinkreise war vielfältig. Die Druiden und Priester wollten wissen, wann es kalendarisch Zeit war, dies oder jenes zu tun. Sie bezogen sich auf den Verlauf von Sonne und Mond innerhalb eines Jahreszyklus.

Zum Beispiel wurden Jugendliche auf Ritualplätzen zu Männern gemacht, oder es gab Orakel für den Verlauf des Jahres und das Ergebnis der Ernte. Auch Meditationen in Gruppen fanden an solchen Plätzen statt. Zudem nutzten die Ersteller, sogenannte Schaltsteine, um die Energiefelder in der Natur anzuregen.

Das heißt, sie stellten einen Stein hinten quer zum stehenden Stein auf und beeinflussten so die Fließrichtung der Energie. Diese strömte in die Umgebung, um das Wachstum zu fördern.

Steinkreise hatten also auch die Funktion, die Fruchtbarkeit in der sie umgebenden Natur zu fördern. Sie hatten mannigfaltige Aufgaben, zum Beispiel als: Jahresritualplatz, Kultplatz, Opferplatz, Götterplatz, Heilplatz, Kalenderplatz, Kraftplatz, Schutzplatz, Initiationsplatz, Meditationsplatz, Orakelplatz und Wettersteinkreis. Die Kelten kannten auch den Streitplatz zur Bewältigung und Auflösung von internen Streitereien. Auch heute haben solche Steinkreise eine Wirkung. Ihre Energie ist vergleichbar mit einem Fußabdruck, der im Boden verankert ist. Sie bleiben in ihrer Wirkung ausmutbar, also radiästhetisch messbar. Sie haben eine Ausstrahlung auf uns Menschen – ob wir das nun glauben oder nicht. Nicht richtig funktionierende Steinkreise haben eine negative Wirkung auf uns. Sie stören das Energiefeld der Umgebung.

Wenn ich Steinkreise aufspüren will, dann schaue ich zuerst ins Internet, ich frage nach bei Google Maps. Ich grenze das Gebiet ein und frage mittels Pendel, ob es auf dem angezeigten Ausschnitt keltische Bauten gibt. Bei einem «Ja» bitte ich darum, mir diesen Platz mittels Pendel zu zeigen. Habe ich den Punkt, zoome ich näher dran, bis ich den Platz gefunden habe. Wenn ich dann physisch vor Ort bin, versuche ich, mittels Pendel den genauen Standort zu finden. Die Mutung via Google Maps ist meist sehr genau. Dennoch frage ich vor Ort nochmals nach, ob es in der Nähe irgendwo keltische Bauten gegeben hat. Ich sage in diesem Fall zu meinem Pendel: «Zeig mir bitte das Zentrum!» Habe ich ein Zentrum gefunden, gehe ich in eine andere Richtung und danach wieder auf dieses Zentrum zu. Nach dieser Kontrollmutung bin ich sicher, dass das Zentrum von mir korrekt ausgependelt und bestimmt wurde. Danach schaue ich mittels Tabellen, wie viele Steine vor Ort zu einem Steinkreis angelegt waren.

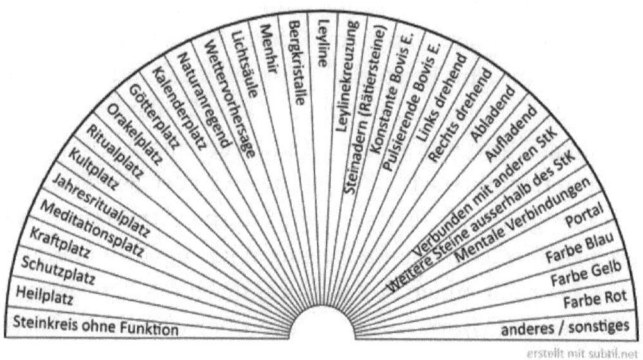

Leyline
Leylinekreuzung (Rätiersteine)
Konstante Bovis E.
Pulsierende Bovis E.
Links drehend
Rechts drehend
Abladend
Aufladend
Verbunden mit anderen StK
Weitere Steine ausserhalb des StK
Mentale Verbindungen
Portal
Farbe Blau
Farbe Gelb
Farbe Rot
anderes / sonstiges

Steinadern (Rätiersteine)
Menhir
Bergkristalle
Lichtsäule
Wettervorhersage
Naturanregend
Kalenderplatz
Götterplatz
Oraleplatz
Ritualplatz
Kultplatz
Jahresritualplatz
Meditationsplatz
Kraftplatz
Schutzplatz
Heilplatz
Steinkreis ohne Funktion

erstellt mit subtil.net

Normalerweise stellt man sich die Steinkreise vor wie jene
im bekannten Stonehenge in England. Doch dem war nicht
so bei meinen Entdeckungen. Viele kleine Steinkreise, die ich
in meiner Region auspendelte, wiesen oft nur einen Durchmesser von zwei Metern auf. Unsere Steinkreise und Anlagen
befinden sich auf unterschiedlichen Plätzen in verschiedenen
«Reizzonen». Damit ist alles gemeint, das energetisch auf den
Menschen, Tiere oder Pflanzen einen Reiz auslöst. Zum Beispiel können dies Wasseradern, Kraftlinien, Verwerfungen,
Steinkreise, Erze oder auch Planetenlinien sein. Auch die Reizzonen wurden in den Standort der Steinkreise einbezogen.
Verwerfungen oder Wasseradern, welche sich unterhalb der
Steinkreise befinden, verstärken die energetische Wirkung
oder verteilen sie. Eine weitere Aufgabe der Steinkreise war
es, die Energie aus dem Kosmos mit Hilfe eines Schaltsteins
in die Natur umzuleiten. Dies wirkte sich fördernd auf das
Wachstum der Natur aus. Die Steinkreise sind unterschiedlich genutzt worden. Sie sind ungefähr 4000 bis 6000 v. Chr.
entstanden. Damals hatten sie eine andere Funktion als später. Die Kelten haben die Plätze übernommen und auf ihre
Bedürfnisse angepasst. Die Energien, die ich dort feststellen
konnte, sind unterschiedlich.

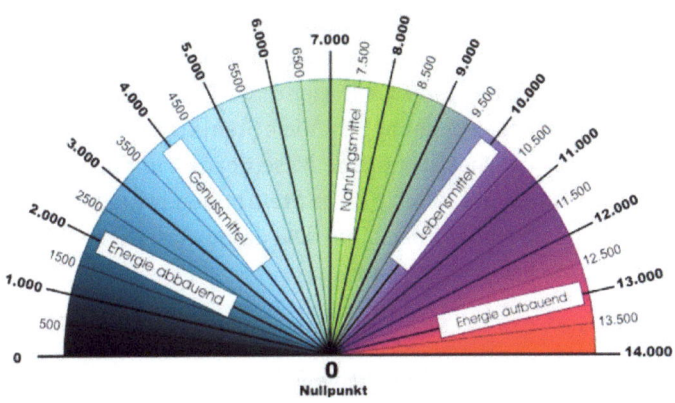

SKALA für die Messung von LEBENSENERGIE in Bovis-Einheiten

Sie reichen von wohlig-warm bis zu nicht spürbar. Es gibt Steinkreise, welche sehr hohe Boviswerte aufweisen. Bovis-Einheiten sind eine Messeinheit für Lebensenergie und ein Abstrahlwert. Der Begriff ist auch bekannt unter Prana oder Chi. Der Ursprung dieses Wertes liegt, wie so oft, in den Forschungen eines Wissenschaftlers, nach dessen Name dieser benannt wurde. Der Franzose Alfred Bovis (1871–1947) war Physiker. Dank der Forschungen von Alfred Bovis ist es heute möglich, die lange Zeit als unbelegt dargestellte Lebensenergie in Werten zu erfassen. Die klassische Messung gemäß Bovis erfolgt mittels Tensors oder Pendel und wird von erfahrenen Radiästheten, Energetikern und Kinesiologen durchgeführt. In den verschiedenen Fachbereichen haben sich allerdings mittlerweile verschiedene Methoden etabliert.

Auch fand ich einige Steinkreise, die stark pulsieren. Sie sind inaktiv – also nicht mehr in ihrer Kraft, können jedoch wieder aktiviert werden. Danach halbiert sich der gemessene Boviswert in der Regel. Als Beispiel: Wenn ich einen pulsierenden Steinkreis aufspüre, kann der Boviswert fortlaufend von 0 bis 90 000 Einheiten gemessen werden. Nach der Korrektur ist er konstant bei 45 000 Einheiten. Das heißt, die Energiefelder drehen sich. Deshalb sind die allermeisten Steinkreise nicht exakt rund. Sie weisen durch das Setzen eines einzelnen Steins nach innen oder außen eine Ecke auf. Dadurch wird die Energie in die Umgebung abgegeben. Ähnliches bewirken die Rätiersteine, die unterhalb eines Steinkreises angebracht sind. Rätiersteine wurden so benannt, weil die Rätier diese Techniken unter den Steinkreisen angewendet haben. Viele Steinkreise weisen unter ihrer irdischen Oberfläche eine Mischform von Spiralen und Zentrumslinien auf. Auch gibt es Steinreihen mit einem rechten Winkel im Verlauf der Linie. Die daraus erhaltene Energie ist meist für Schutz bestimmt.

Kollektive Felder

Die Anwendung der Kraft von freien Energien wird nicht mehr lange auf sich warten lassen. Diese Entwicklung ist bereits im kollektiven Feld. Jeder Mensch ist mit allen anderen Menschen im Kollektiv verbunden. Jeder Baum ist mit den anderen Bäumen und jeder Wald ist mit den anderen Wäldern verbunden. Wir sprechen von einem Familienkollektiv, einem Ortskollektiv, einem Kantonskollektiv, einem Landeskollektiv (zum Beispiel Schweiz-Kollektiv), einem kontinentalen Kollektiv (zum Beispiel Europa-Kollektiv). Alle diese Felder beeinflussen den Menschen. Das heißt konkret, dass das Bewusstsein des Einzelnen mit demjenigen des Kollektivs zusammenhängt. Unsere Wissenschaftlerinnen und Wissenschaftler müssen nur noch die richtigen Fragen stellen. Sobald etwas im kollektiven Feld ist, wird es plötzlich entdeckt. Dies konnte man bei der Entdeckung von Glühbirne und Elektrizität feststellen. Plötzlich machten mehrere Personen aus unterschiedlichen Ecken der Erde mit ähnlichen Erfindungen auf sich aufmerksam. Die freie Energie ist vorhanden. Nur hat niemand ein Interesse, diese weltweit zu nutzen, weil daran nichts zu verdienen ist.

Steinkreise sind Wesenheiten mit Aufgaben

Steinkreise können wieder aktiviert werden. Doch stellt sich die Frage, ob das sinnvoll ist. Vor allem Steinkreise, die pulsierende Boviseinheiten haben, bringe ich wieder in Ordnung, so dass sie eine positive Wirkung aussenden. Nach der Justierung ist alles beruhigt. Dies lässt sich deutlich spüren und auch messen. Steinkreise wirken nicht nur auf den einzelnen Menschen, sondern beeinflussen die gesamte Umgebung – also auch die Tier- und Pflanzenwelt. Welche Funktion sollte ein Steinkreis in der heutigen Zeit haben? Aus meiner Sicht wären vor allem Initiationsrituale für Jugendliche sinnvoll. Diese könnten auf solchen Kraftfeldern durchgeführt werden. Jugendliche sollten einen bewussten Schritt ins Erwachsenenleben machen. Ein geführtes Ritual für die Initiation wäre schön und käme bestimmt bei vielen gut an. Auch andere Rituale könnten auf solchen Plätzen stattfinden – fern von Kirchen. Denn immer mehr Menschen wenden sich von den institutionellen Glaubensgemeinschaften ab. Was aber ersetzt deren Lebensabschnitts-Rituale? Wo finden Rituale für Hochzeiten, Jahreszeitenwenden oder Abdankungen statt? Auch mit einem Zimmersteinkreis (Auf einem Holzbrett zu Hause) kann ein gutes, störungsfreies Raumklima erschaffen werden – störungsfrei von Wasseradern, Reizzonen und Elektrosmog.

Aber Vorsicht! Nur schon eine kleine Verschiebung eines Steines verändert die Funktion, und es kann eine Störquelle entstehen.

Ich hatte immer eine Affinität zu Medizin, Steinen, Astrologie, Mystik, Spiritualität, Tieren und auch zu Okkultem. Eines Tages wollte ich wissen, ob meine Seele je in Europa gelebt hatte oder nicht. Ich nahm das Pendel und suchte auf der Landkarte alle Länder ab. Ich stieß dabei auf Spanien und Frankreich. Ich war in einem früheren Leben in der Nähe von Limoges als Druide tätig. Limoges hat heute rund 120 000 Einwohner und liegt an der Vienne im westlichen Zentralmassiv. Ein Medium erklärte mir später, ich sei damals ein wichtiger Druide gewesen und eine bekannte Persönlichkeit in der Region. Auf der Rückfahrt von einer Reise nach Spanien fuhr ich über Bordeaux. Dabei kam mir der Impuls, abzufragen, wo genau ich damals gelebt hatte als Druide. Ich folgte dem Pendel im vollen Vertrauen. Von der

Autobahn weg ging es in die Dörfer auf dem Land und von da immer weiter in die Landschaft hinein. Als ich bei einem See ankam, fragte ich nach, ob ich hier richtig sei. Das Pendel antwortete mit einem «Nein», worauf ich umkehrte. Nach nur ein paar Metern gab es mir an, dass ich anhalten sollte. Ich erinnere mich noch gut, dass es dabei regnete wie aus Kübeln. Ich fragte das Pendel ab, wo ich nun hingehen sollte. Es hieß: nach links und dann hoch. Ich sah eine ansteigende Wiese mit Steinhaufen oben. Es waren Haufen, wie sie die Bauern machen, wenn sie Steine aus ihren Äckern lesen. Jedoch waren es völlig andere Steine und rundherum waren sie von Pflanzen überwuchert. Mir wurde sofort klar, dass ich vor einem Grab stand. Ich machte ein Foto und habe dieses meiner hellsichtigen und hellfühlenden Kollegin gesendet, die mich schon während Jahren auf meiner spirituellen Reise begleitete. «Aha, hast du dein Grab gefunden!», kam ihre Antwort für mich nicht ganz überraschend. Sie fragte mich, ob ich auch die Sonne über dem Grab gesehen hätte. Ich antwortete ihr mit «Nein», denn es regnete ja gerade stark. Sie bestand darauf: «Nein, über dem Grab ist eine Sonne. Steig auf das Grab hinauf und du erhältst weitere Informationen!» Also stieg ich auf den Steinhaufen und wartete ab. Ich hörte nichts. Dann nahm ich mein Pendel zur Hand und fragte nach, ob die Information schon eingeflossen ist. Als ein «Ja» kam, stieg ich wieder hinunter. Ich konnte jedoch nicht feststellen, was die Information beinhaltete. Ich fand heraus, dass es weiter oben am Waldrand früher noch zwei Steinkreise hatte. Leider waren sie zerstört worden. Ein anderes Grab lag in der Nähe etwas weiter unten am Hang. Im Dorf sind die Gräber als Druidengräber bekannt. Ich fand heraus, dass ich weiter unten am See gewohnt hatte.

In der Schweiz ist Falera (Graubünden) bekannt für Steinkreise. Leider ist die Anlage auch dort nicht mehr im Originalzustand. Einige Steine fehlen, andere wiederum sind nicht mehr am ursprünglichen Ort. Zusätzlich gab es im Waldstück oberhalb der Anlage weitere Steinkreise. Diese findet man jedoch nur mit dem Pendel. Im Dreieck Oberlunkhofen, Arni und

Jonen befindet sich eine erhaltene Steinanlage. Die Steine sind aufrecht angebracht worden – also stehend. Auch die Steinanlage Althau, Bremgarten AG, wurde bezüglich ihrer Aufgabe fehlinterpretiert. Eine weitere Anlage steht in Yverdon Clendy VD. Leider ist auch sie nicht mehr vollständig. Die Originale sind zum Teil ins Museum gebracht worden, an ihrer Stelle stehen Ersatzsteine.

Die größten Steine habe ich in der Bretagne in Frankreich gesehen; sie sind acht bis zwölf Meter hoch, beeindruckend und von unterschiedlichen Energien. Leider haben die Franzosen keinen Bezug mehr zu diesen Steinen. Sie lassen sie überwuchern, vor allem die Gräber. In Carnac sah ich sogar ein Haus, das direkt in die Steinanlage gebaut wurde. Sogar eine Straße führte hindurch. Die Christianisierung zerstörte viel. Die großen Menhire ließ man stehen. In die neuen christlichen Kirchen wollte niemand gehen. Die Menschen gingen jedoch weiterhin zu den Steinen und nicht zu den christlichen Priestern. Also haben sich die Priester entschlossen, die Kirche zu den Steinen zu bringen und diverse haben das mit dem Leben bezahlt, denn sie haben einfach ein Kreuz auf die Steine gesetzt oder mit Hammer und Meißel ein Kreuz in den Stein gehauen

Das Wissen und vor allem auch das Feingefühl für solche Orte ist gänzlich verloren gegangen.

Es gibt viele Kirchen und Kapellen, die im Zuge der Christianisierung Europas auf frühere Kraftplätze und Steinkreise gebaut wurden. Zum Beispiel wurde der Turm der Marienkirche in Unterägeri auf einen doppelten ehemaligen Steinkreis gebaut. Im Rischer Wald gibt es eine markante Steinreihe, vergleichbar mit jener in Affoltern am Albis. Viele Steinanlagen sind 6000 bis 4000 Jahre vor Christus entstanden, also im Neolithikum, Jungsteinzeit. Die Kelten kamen aber erst um 800 bis 500 Jahre vor Christus nach Mitteleuropa. Sie haben sich die vorhandenen Steinkreise zunutze gemacht und auch selbst welche gebaut.

Um Druide zu werden, musste jemand ein 20-jähriges Studium durchlaufen. Die Druidinnen und Druiden hatten also ein immenses Wissen im Vergleich zu den Römern und ihren Priestern. Die Römer rotteten die Kelten aus oder vertrieben sie. In Deutschland gibt es beim Schluchsee im Blasi Wald eine sehenswerte Anlage. In Österreich gibt es die Steinanlage von Bludenz auf dem Bürserberg (Vorarlberg), die Gerhard Pirchl wieder aufgestellt hat. Auch in Österreich gibt es viele Kirchen, die auf Steinanlagen gebaut wurden, teilweise wurden die Steine gar eingemauert. Es sei hier darauf hingewiesen, dass die Kelten die Fähigkeit hatten, Botschaften in den Steinen zu verankern. Viele Steine und Menhire wurden zusätzlich mit Runenzeichen bemalt. Diese findet man heute noch mit dem Pendel und einer Runentabelle.

Warum eine Begegnung mit Nikola Tesla
mehr als inspirierend wäre

Als Energetiker arbeite ich mit spirituellen Energien. Alles, wirklich alles, besteht aus Energie auf dem Planeten Erde und im Universum. Energie zeigt sich in unterschiedlichen Frequenzen, Wellen und Wirbeln. Nikola Tesla (1856–1943) war ein Mensch, der sich seiner Aufgabe bewusst war. Er erkannte bereits damals die Zusammenhänge in der Natur – den Einklang von Erde, Sonnensystem und Universum. Ihm war klar, dass ursprünglich und letztlich alles zu jeder Zeit Energie ist. Ginge es nach ihm, so würden wir heute nicht mit Mikrowellen telefonieren, sondern mit Skalarwellen. Die Skalarwellen wurden von Nikola Tesla entdeckt und technisch genutzt. Tesla übertrug in spektakulären Versuchen drahtlos Energie, entwickelte die Eindraht-Übertragung und zog Energie aus dem Feld, indem er Resonanz herstellte. Er stieß damit auf ein weltweites Interesse. Seine Erfindungen basierten darauf, dass der Mensch auf der Erde in einem riesigen Kondensator lebt. In einem Torus. Dieser spannt sich zwischen Erdoberfläche und Ionosphäre auf. Zeitgleich bewegt sich der Mensch gemäß Tesla in Richtung von Telepathie.

Er hat unter anderem auch auf die Nutzung der freien Energien hingewiesen. Diese können kostenlos von allen Menschen genutzt werden. Ich weiß nicht, ob ich fähig wäre, nur annähernd das zu verstehen, was er uns als Vermächtnis hinterlassen hat. Gerne würde ich mich mit ihm über die Entstehung und Wirkungsweise der freien Energien unterhalten ... bei Gelegenheit.

Fallbeispiele aus der Praxis

Ruedi Z., 32 Jahre, Zürich

Vor der Behandlung war Ruedi völlig motivationslos. Es ging ihm psychisch ziemlich schlecht. Er arbeitete als Selbständiger, konnte aber aufgrund seiner Verfassung seiner Arbeit nicht mehr nachgehen. Seine Mutter hatte ihm geraten, dringend in Kontakt mit mir zu treten. Ruedi blieb während der gesamten Behandlung ruhig, doch skeptisch eingestellt. Auch als wir uns verabschiedeten, habe ich seine Skepsis wahrgenommen. Dennoch erhielt ich zwei Monate später die erfreuliche Nachricht, dass er nun wieder arbeite und es ihm ab dem Zeitpunkt der einmaligen Behandlung bei mir stets etwas besser ergangen sei. Er hatte wieder die Motivation für seinen Job und seine Selbständigkeit gefunden.

Thomas B., 72 Jahre, Uri

Thomas kam als Diabetiker zu mir. Seine Füße waren stark aufgeschwollen. Schon nach der ersten Behandlung hatte sich sein Zuckerspiegel bis zu 14 Tage auf tiefem Niveau eingependelt. Für Thomas bedeutete dies, dass er die Dosis seiner Medikamente deutlich reduzieren konnte. Zudem nahm nach der Behandlung das Aufschwellen der Füße merklich ab. Thomas kam für eine Behandlungen zu mir nach Menzingen.

Maria F., 44, Jahre, Aargau

Maria rief mich für eine Hausreinigung, respektive Wohnungsreinigung, zu sich. Unmittelbar danach stellte sie fest, dass es sich stark verändert anfühle in ihrem Zuhause. Es ging ihr deutlich besser und sie nahm alles positiv wahr. Sie spürte mehr Ruhe und Harmonie in ihrer Wohnung. Auch konnte sie danach besser ein- und durchschlafen.

Ursula., 15 Jahre, Uri

Ich erhielt einen Anruf von einem verzweifelten Vater. Seine 15-jährige Tochter war akut in die Psychiatrische Klinik gebracht worden. Ursula hörte einerseits Stimmen, andererseits ritzte sie sich Wunden in ihre Arme. Zunächst fragte ich nach dem Einverständnis der Tochter, ob ich an ihr energetisch arbeiten dürfe. Das hat sie mir dann auch persönlich gegeben. Ich habe in diesem Fall zunächst via Fernbehandlung gearbeitet, denn die Klientin befand sich ja in einer Klinik. Ich habe die geistige Welt vorerst nach dem Thema abgefragt. Ursula litt eindeutig unter einer Besetzungen. Diese konnte ich zum Teil bereits via Fernbehandlung ablösen. Am Montag durfte sie mit medikamentöser Behandlung nach Hause entlassen werden. Am Samstag darauf fuhr ich zu ihr. Ich hatte das so mit der Familie vereinbart. Ihr Vater und der ältere Bruder waren ebenfalls anwesend. Ich begann mit dem Theta-Reading und den Ablösungen, doch etwas wehrte sich in ihr zunächst. Mittels Gebete konnte ich sie davon befreien. Die Besetzungen kamen durch ihre Mutter, die vor fünf Jahren in Folge von Krankheit verstorben war und durch ihre Großmutter. Zusätzlich stellte ich noch eine dämonische Wesenheit an ihr fest. Wir konnten mit der Behandlung vor Ort alles auflösen. Seit diesem Vorfall weiß ich, dass durch energetische Ablösungen im Umfeld von Psychiatrie enorm viel Hilfe geleistet werden könnte. Sicher hat auch noch die energetische Haussanierung zu ihrer Erholung beigetragen. Heute geht sie in die Lehre und fühlt sich wohl.

Patricia M., 27 Jahre, Wien

Patricia schreibt nach der Fernbehandlung: «Es geht mir weit besser; schon ziemlich gut mittlerweile. Mein Arm tut zwar noch weh, aber ich habe das Gefühl, dass ich wieder lebe. Wirklich vielen Dank!»

Ottilia K., 82 Jahre, Neuenburg

Ottilia schreibt nach der Fernbehandlung: «Ich fühle meine Füße wieder, sie sind wieder warm geworden. Die Atmung ist auch viel besser. Mag wieder mehr machen.»

Philipp R., 15 Jahre, Zürich

Ein Vater rief mich an, ob ich seinem 15-jährigen Sohn helfen könne. Er habe mit dem Kiffen angefangen, seine schulischen Leistungen seien im freien Fall. Er kam nicht mehr klar mit seinem Sohn, dieser blockte ihn ab. Philipp kam zu mir und sagte ungeschönt, dass er so etwas zum letzten Mal mache. Er sei nun schon an verschiedenen Orten gewesen, nichts habe geholfen und überhaupt habe er von allem genug. Ich habe daraufhin eine Quantenheilung und eine Ablösung von belastenden Energien gemacht. Zudem lösten wir gemeinsam alle gestauten Emotionen auf. Mittels Lichtheilungstherapie haben wir Harmonie in sein System gebracht. Nach zwei Monaten rief mich der Vater an und sagte mir, dass er mir vielmals danken wolle. Philipp habe aufgehört zu kiffen und seine schulischen Leistungen seien deutlich angestiegen. Auch hätten sie den Draht zueinandergefunden und könnte wieder sprechen miteinander.

A. Sch., 52 Jahre, Uri

Die Kuh von Bauer Anton wies an drei Beinen Druckstellen auf. Sie lahmte beim Gehen. Aus einer der Druckstellen floss Eiter. Nachdem wir die Kuh von Bauer A. in der Pendel-Gruppe mental auf den göttlichen Heilplatz gestellt hatten, lahmte sie nicht mehr.

Rudolf D., 58 Jahre, Zug

Rudolf schrieb mir nach der Hausreinigung:

«Du kannst dir gar nicht vorstellen, wie sich das Raumklima in unserem Haus verbessert hat, seit du aufgeräumt hast und der Stein, der Multipolartransmitter, platziert ist. Mein Sohn Christoph arbeitet seit vier Wochen wieder, und dies nach zwei Jahren Unterbrechung. Zuerst war es ziemlich schwierig für ihn. Langsam geht es ihm besser, sein Selbstvertrauen kehrt zurück. Du hast sehr viel dazu beigetragen, herzlichen Dank!»

Gregor B., 40 Jahre, Zug

Gregor wohnte zusammen mit seiner Frau in seinem Elternhaus, das er übernehmen konnte. In diesem Haus hatte er jedoch immer das Gefühl, dass er geschlagen werde, wenn er schlief. Zunächst stellte er seine Frau unter Verdacht. Doch als diese auf der Toilette war, hatte er wieder das Gefühl, dass er geschlagen wurde, so richtig eine heruntergehauen bekam. Ich stellte fest, dass eine Wesenheit anwesend war, welche keine Freude hatte, dass er in diesem Zimmer, in diesem Bett und überhaupt in diesem Haus schlief. Nachdem ich die Wesenheit abgelöst hatte, kam das nie mehr vor. Gregor und seine Frau konnten fortan ruhig schlafen.

Vreni S., 47 Jahre, Uri

Vreni fuhr von Basel mit dem Auto nach Hause und erlitt eine Panikattacke. Sie hatte zudem sehr starke Kopfschmerzen. Sie rief mich an und erzählte mir von ihrer Notsituation. Ich konnte ihr durch Ablösung und durch Quantenfernbehandlung umgehend helfen. Sie schrieb mir danach: «Nochmals vielen herzlichen Dank für deine Unterstützung und Hilfe. Es war wie ein Wunder, wie schnell du mich von Schmerzen befreit hast. Vielen Dank!»

F.G. Kanton Uri

Erfahrungsbericht von Energetischer Heilmethode Theta Reading

Ich führe mit meiner Frau zusammen einen Landwirtschafts-
betrieb im Berggebiet. Wir produzieren im Winter Kalbfleisch
für einen Grossisten. Wir stallen die Kälber im September ein.
Die kommen von verschiedenen Betrieben aus der Schweiz und
bringen verschiedene Microbiologie mit sich. Früher behandelten
wir alle Tiere mit Antibiotika, um dem Problem kranker Tiere aus
dem Weg zu gehen. Vor zirka 10 Jahren haben wir angefangen,
uns mit der Homöopathie auseinanderzusetzen. Wir besuchten
Kurse und lasen Berichte und Bücher. Zwei Jahre später fingen
wir an mit der Kräuterheilkunde der Phytotherapie zu arbeiten.
Damit hatten wir in Kombination mit der Homöopathie den
größten Erfolg und konnten sehr viel Antibiotika einsparen,
wenn nicht sogar fast ohne auskommen.

Vor einiger Zeit wollte meine Frau und ich etwas Freizeit
miteinander verbringen, da unser Geschäft uns zu 250 % for-
dert. Auf ein Inserat von Mettler Hanspeter meldeten wir uns
zu einem Pendelkurs an. Ich gebe zu, dass ich dieses Vorhaben
mit einem verschmitzten Lächeln im Gesicht angegangen bin.
Ehrlich gesagt, genoss ich einfach den Abend mit meiner Frau
und den noch unbekannten Personen am Kurs. Schnell fühlte
ich jedoch eine Zugehörigkeit zu der bunt gemischten Gruppe.
Es wurde mir schnell klar, dass unser Pendelmeister Mettler
Hans-Peter einiges auf dem Kasten hat.

Ich fing an, mich wie meine Frau dafür richtig zu interes-
sieren und wir meldeten uns dann gleich an den nächsten Kurs
Energetische Medizin wieder an. Dort erlernten wir verschiedene Methoden wie Ausleiten nach Körbler, Quantenheilung,
Chakras, Theta-Reading, Engel-Reading, nummerische Heilfrequenzen 1–21, Ablösungen von Fremdenergien usw.

Nie im Leben hätte ich daran gedacht, mein Bewusstsein so
erweitern zu können. Und ehrlich gesagt ist ja das erst der An-

fang. Nehme ich mal an. Smile!! Nun zu einem konkreten Fall, den ich so als Prüfung erlebt habe.

Als ich dieses Jahr im Januar, wir zählen das Jahr 2020, in meinem Kälberstall morgendliche Visite machte, hörte ich ein Schlagen gegen die Liegeboxenbügel. Schnell war mir klar, dass es sich um ein schlagendes Kalb handeln muss. Es lag auf dem Rücken der Kopf nach unten in den Graben gehängt, schlagend mit den Beinen nach oben zu den Bügeln hin in der Box. Kalter nasser Schweiß belegte das aufgeblähte Tier Nr. 11. Das Flotzmaul aufgezerrt grunzend wie ein Schwein. Der Blick des Todes in den Augen, schaute mich das Tier nicht einmal mehr an. Ich erkannte die Notlage, die prekärer nicht sein konnte. Solche Tiere sterben im Normalfall zu 100 % dies war meine Erfahrung. Ich weckte sofort meine Frau. Sie übernahm dann die Arbeit beim Melken. Ich dachte mir, jetzt wende ich das Gelernte an. Bereit zum Arbeiten zerrte ich das 140 kg schwere Kalb durch den Stall in die große Abkalbebox mit tiefer Einstreu. Das Tier konnte nicht mehr stehen. Die Kolik gab ihm den Rest. Zuerst schüttete ich Apfelessig dem Tier ein, um die Temperatur im Kalb zu regulieren. Dazu kam noch etwas Natriumbicarbonat, um die Übersäuerung zu bremsen. Danach fing ich an mit der Tiefen Erdung von mir. Ich öffnete, reinigte, harmonisierte und aktivierte meine Chakras und habe mich verbunden mit der Mutter Erde zur Geistigen Welt. Danach erdete ich das Tier Nr. 11. Ich empfing sofort Signale negativer Form, wo ich sofort um Schutz und Führung bat.

Das weitere Vorgehen dauerte zirka 30 Minuten
- Ablösen von negativen Energien
- Ablösen und entfernen von dämonischen Wesen
- Ablösen und entfernen von Astralwesen
- Theta Reading
- Ich sah eine sehr starke Ahnen-Verbindung zum Geburtsbetrieb (negative Energien kamen darüber zum Tier), diese forderte ich auf zu durchtrennen und zu transformieren
- Heilfrequenzen eingeleitet
- Nummerische Heilung 1-21

- Quantenheilung
- Programmierter Pendelauftrag für Phytotherapie und Homöopathische Impulsheilung

Danach bemerkte ich eine Besserung, kein Schlagen mehr, kein Schweiß, keine Schmerzen aber noch aufgebläht.

Das Kalb Nr. 11 trank dann 3 Tage nichts mehr, es schlief viel, stand auf legte sich wieder hin und war müde. Am vierten Tag trank es Wasser aus dem Becken. Natürlich energetisiert von meiner Frau. Smile! Am fünften Tage fing das Tier wieder an zu fressen, Milch zu trinken und holte danach die volle Ration am Milchautomat wieder ab.

Dieses Tier hatte danach keine Beschwerden mehr und entwickelte sich überdurchschnittlich gut. Es war dann auch zutraulicher zu mir geworden. Solche Tiere benötigten immer Medikamente und sind mir zuvor immer gestorben.

Wir danken dem Herrgott und den Engel für ihre Hilfe und Unterstützung

Wir sind dir dankbar, Hans-Peter, dass wir so viel von dir erlernen durften

Vergälts Gott

R.L in W Kanton Zug

Lieber Hans-Peter,
Du kannst dir gar nicht vorstellen, wie sich das Raumklima in unserem Haus verbessert hat, seit du aufgeräumt hast und der «Stein» (Multipolartransmitter) hier ist.
Christoph arbeitet seit 4 Wochen wieder nach 2 Jahren Unterbruch. Zuerst war es ziemlich schwierig für ihn. Langsam geht es ihm besser, sein Selbstvertrauen kommt zurück.
Du hast sehr viel dazu beigetragen, herzlichen Dank!

G.B. Kanton Zug

V.S. Seelisberg Kanton Uri

Sie fährt von Basel nach Hause und erleidet eine Panikattacke und hat sehr starke Kopfschmerzen. Sie rief mich an und ich konnte ihr durch die Ablösung und durch Quantenfernbehandlung sofort helfen.

Guten Morgen Hanspeter,

Ich hoffe, es geht dir gut?

Nochmal vielen Herzlichen Dank für deine Unterstützung und Hilfe Das war echte Wunder wie schnell du mich von Schmerz befreit hast.

Danke

A.K aus Widnau

Und egal was es im Leben gewesen ist, Schmerz, Mut, Hoffnung, Trauer, etc., ist bei keinem Menschen einfach so da. Das ist mir jetzt bestätigt worden. Durch all die Täler, die wir gehen, das ist gut für irgendwas im Leben.

Und genau für deinen Input ...

Vielen herzlichen Dank Hans-Peter!

Du warst der Engel, der mich von vielen alten Themen gelöst hat. Ohne dein Wissen, ohne dein Fühlen, ohne dein Annehmen für deinen Lebensweg, hätte schon so viel Heilung gar nicht stattfinden können.

Alles zur richtigen Zeit am richtigen Ort ... Es freut mich sehr!

Sende dir beste Grüße

A.F Zürich

Lieber Hans-Peter

Mein Fuß fühlt sich besser, er ist kaum mehr geschwollen. Danke herzlich für die Heilenergien! Nun kann ich langsam wieder etwas bewegen, Du weißt, langsam ist nicht mein Gebiet, ich hoffe, ich mache das richtig:))

Liebe Grüße, großer Heiler!

A.F

Aussage eines Jungen 11 Jahre:
Mami, es wird Zeit, dass wir wieder zu Hans-Peter gehen. Es hängt wieder was an mir. Ich fühle mich schlecht.
Aussage der Mutter: Seit der letzten Behandlung hat sich die schulische Leistung gemäß Lehrerin um 180 Grad verbessert.

Aussage einer 16-jährigen Frau nach der Behandlung: Jetzt bin ich wieder ich selber!

EIN HERZ FÜR AUTOREN A HEART FOR AUTHORS À L'ÉCOUTE DES AUTEURS MIA ΚΑΡΔΙΑ ΓΙΑ ΣΥΓΓΡ
HJÄRTA FÖR FÖRFATTARE UN CORAZÓN POR LOS AUTORES YAZARLARIMIZA GÖNÜL VERELIM SZÍ
CUORE PER AUTORI ET HJERTE FOR FORFATTERE EEN HART VOOR SCHRIJVERS TEMOS OS AUTO
SERCE DLA AUTORÓW EIN HERZ FÜR AUTOREN A HEART FOR AUTHORS À L'ÉCOU
CORAÇÃO ВСЕЙ ДУШОЙ К АВТОРАМ ETT HJÄRTA FÖR FÖRFATTARE Á LA ESCUCHA DE LOS AUTOR
AUTEURS MIA ΚΑΡΔΙΑ ΓΙΑ ΣΥΓΓΡΑΦΕΙΣ UN CUORE PER AUTORI ET HJERTE FOR FORFATTERE EEN H
YAZARLARIMIZA GÖNÜL VERELIM SZÍ ZERZŐINKÉRT SERCE DLA AUTORÓW EIN HERZ FÜ
VOOR SCHRIJVERS TEMOS OS AUTORI CORAÇÃO ВСЕЙ ДУШОЙ К АВТОРАМ ETT HJÄRTA FÖ

Der Autor

Hans-Peter Mettler wurde am 20. August 1954 in
Zürich geboren.
Als uneheliches Kind wuchs er bei verschiedenen
Verwandten auf. Schon in der Kindheit wurde er
ausgebeutet und missbraucht. Nach der allgemei-
nen Schulbildung absolvierte er eine Berufsschule
und danach die Abendschule für Sozialarbeit.
Sein beruflicher Werdegang ist umfangreich:
Metallbauschlosser, Krankenpfleger, Heimleiter
sowie Agenturleiter bei einer Krankenversicherung.
Mittlerweile ist Mettler Pensionist.
Sein Leben verlief insgesamt sehr turbulent, mit
vielen Höhen und Tiefen. Mettler war zweimal ver-
heiratet und ist zweimal geschieden. Zu seinen besonderen Fähigkeiten gehören das Pendeln sowie
allgemein der Umgang mit Menschen.
Der „Energetiker" bezeichnet sich selbst als glücklich, weil er anderen Menschen helfen kann.

Der Verlag

*Wer aufhört
besser zu werden,
hat aufgehört
gut zu sein!*

Basierend auf diesem Motto ist es dem novum Verlag
ein Anliegen, neue Manuskripte aufzuspüren, zu ver-
öffentlichen und deren Autoren langfristig zu fördern.
Mittlerweile gilt der 1997 gegründete und mehrfach
prämierte Verlag als Spezialist für Neuautoren in
Deutschland, Österreich und der Schweiz.

**Für jedes neue Manuskript wird innerhalb we-
niger Wochen eine kostenfreie, unverbindliche
Lektorats-Prüfung erstellt.**

Weitere Informationen zum Verlag und
seinen Büchern finden Sie im Internet unter:

www.novumverlag.com